KB127073

부자 되기를
가르치는
학교

부자 되기를 가르치는 학교

돈을 위한 경제교육을 넘어

ⓒ 진냥(희진) 외

2023년 10월 16일 처음 펴냄

글쓴이 | 하금철, 채효정, 진냥(희진), 장윤호, 이윤승,
　　　　이영주, 서재민, 서부원, 박내현, 김형성
편집부장 | 이진주
기획 · 편집 | 서경, 공현
출판자문위원 | 이상대, 박진환
디자인 | 이수정, 박대성
제작 | 세종 PNP

펴낸이 | 김기언
펴낸곳 | 교육공동체 벗
이사장 | 조성실
사무국 | 최승훈, 이진주, 설원민, 서경, 공현
출판등록 | 제2011-000022호(2011년 1월 14일)
주소 | (03971) 서울시 마포구 성미산로1길 30 2층
전화 | 02-332-0712
전송 | 0505-115-0712
홈페이지 | communebut.com
카페 | cafe.daum.net/communebut

ISBN 978-89-6880-181-5 03370

돈을 위한
경제교육을 넘어

부자 되기를
가르치는
학교

하금철 채효정 진냥(희진) 장윤호 이윤승
이영주 서재민 서부원 박내현 김형성

교육공동체벗

| 차례 |

2001년 12월, 배우 김정은이 산타 같은 빨간 옷을 입고 나와 화사한 웃음으로 말했다.

"부자 되세요~!"

IMF 외환 위기를 막 지나온 대한민국을 강타한, 마치 주문과 같은 말이었다. 그 전에 사람들은 안정된 삶을 꿈꿨고, 경제 정책도 두터운 중산층을 만드는 것을 목표로 이야기했다. 하지만 경제 위기를 겪으며 한국 사회는 목격했다. 70%의 노동자가 비정규직으로 전환되거나 해고되고 은행이 망하는 것을. 직장이 있다는 것은 더 이상 안정된 삶을 의미하지 않았다. 직업이 없어도 생활 수준을 유지할 수 있게 자산을 획득하는 것이 곧 '안정'이라는 생각이 확산되었다. 내가 직접 쥐고 있는 부만이 나를 보호할 것이라는 신화가 만들어지기 시작한 것이다.

물론 '부자 되세요'라는 주문에 대해 경계하고 문제를 지적하는 반응도 있었다. 그러나 20여 년이 지난 지금, 그런 문제의식들은 많이 흐릿해졌다. 서점의 책과 유튜브 방송을 보면 '누구든 10억 자산가가 될 수 있다'라며 노하우를 전해 주겠다는 이야기들이 넘쳐난다. 이런 이야기들은 교육에도 유입되었다. 보통 어린이와 청소년을 대상으로 하는 교육은 우리 사회에서 충분히 정당화된 내용들이 선택되곤 한다. 20여 년 동안 우리 사회에 뿌리내린 '부자 신화'는 이제 충분히 정당하고도 당연한 이야기가 되어 교육에도 자리 잡았다. 이 책은 바로 여기에 반기를 들고자 한다.

1부는 "'돈 되는 교육', '돈을 위한 교육'은 당연한가?"라는 질문으로 시작한다. 김형성은 〈흥부전〉과 〈운수 좋은 날〉, 《난장이가 쏘아올린 작은 공》을 통해 가난과 빈곤, 애정과 연대가 함께했던 교육을 회상한다. 반면 지금의 교실에서는 교사가 학생으로부터 테슬라 주식을 사라는 조언을 받고 있다. 노동과 세금을 무가치한 것으로 평가하고 안정된 노후를 위한 절박함으로 모두가 자산가의 열차에 올라타야 한다는 재테크 교육을 교사 김형성은 거부한다. 서부원은 그 절박함을 학교가 길러 냈다고 말한다. 개인의 성공만을 가르치고 계속 탐욕을 기르도록 추동질해 온 교육이 학교를 망치고 있다는 것이다.

김형성이 문을 열고 서부원이 전반적인 문제를 이야기했다면, 하금철은 가난과 빈곤이라는 주제를 이어받는다. 한국은 여전히 47% 내외의 노동자들이 근로 소득세를 내지 않는다. 수입이 너무 적어서다. 즉, 아동 중 절반은 세금을 내는 것이 아니라 복지 지원을 받는 사람의 자녀일 수 있는 것이다. 하금철은 '세금 내는 아이들' 말고 '복지 급여 받는 아이들'을 위한 경제교육이 필요하지만 그런 교육은 존재하지 않음을 날카롭게 지적한다. 1부의 모든 필자는 지금의 교육이 더 많은 부를 욕망하게 하며, 부를 축적할 수 없는 상황에 있는 사람들을 외면한다고 비판한다. 이에 대한 대안으로 진냥은 '경제시민교육'을 제안한다. 시민은 정치적 개념만이 아니기에 정치교육에서 학습자가 시민으로 대우받듯, 경제교육에서도 모든 학생은 시민으로 대우받으며 경제적 의사 결정에서 주권을 향유할 수 있어야 한다는 것이다.

2부는 자본주의적인 경제교육이 아닌 대안적인 경제교육, 특히 노동교육을 주제로 한다. 지금의 경제교육이 한쪽으로, 정확히는 자본주의를 향해 기울어져 있음을 비판하면서 이를 근거로 '다른 경제교육'을 주장하는 것이다. 채효정은 교육에서 '모의 투자는 환대받지만 모의 파업은 환영받을 수 있을까?'라는 질문을 던진다. 서재민은 교과서 속에서 서술하는 경제가 가지는 특징들은 시민성에 반한다고 지적하고, 비판 교육으로서의 노동교육의 실제 사례를 보여 준다. 공업고 교사인 장윤호는 학교에는 노동자를 위한 교육이 부재함을 다시 한 번 강조하며, 노동인권에 관한 교육 실천 및 교과서 개발의 노력과 현황 등을 짚는다. 그리고 학교에서 노동인권교육, 나아가 노동교육이 왜 필요하며 어떤 교육이 이루어져야 하는지를 말한다. 진냥은 노동교육 외에 또 다른 대안으로 시도되고 있는 사회적경제교육에 대해 몇몇 우려점들을 밝히며, 경제가 단지 돈을 벌고 쓰는 것만이 아닌 실제적 삶을 구성하고 영위하는 것이라는 사회적 의미를 복원해야 한다고 주장한다.

3부 '학교는 어떤 곳이어야 하는가'에서는 학교에 주목한다. 그러나 수업에 초점을 맞추는 것은 아니다. 자본주의를 넘어서는 경제교육을 위하여 학교는 어떻게 변화해야 하는가? 이 질문에 대한 대답으로 이윤승은 '직업에는 귀천이 없다'라는 명제가 학교에서 실현될 수 있도록, 학교 안 노동의 위계를 없애는 것에서부터 출발해야 한다고 주장한다. 올바른 경제교육이 실현되기 위해서는 학교라는 공간, 구조, 일터가 평등해야 한다는 점을 짚고 있는 것이다. 더 나아가 이영주는 학교를 '반-노동적인 공간'으로 명명하며 협력의 삶을 파괴하고 자본에 순응하는 인간을 만드는 교육을 비판한다. 박내현은 현재 노동(인권)교육이 신규 콘텐츠 개발에만 집중되는 현실을 문제로 지적하며, 학생들이 스스로의 결정을 존중받는 문화 속에서, 노동자가 될 때까지 충분히 교육받을 수 있도록 학교와 국가가 지원해야 함을 역설한다. 학생으로서 권리를 보장받고 존중받았던 경험, 그것이 노동자로서도 권리 침해에 맞설 수 있는 원동력이 될 것이기 때문이다.

'economics'가 원래 '정치경제학'으로 번역되었던 것은 널리 알려져 있다. 경제가 숫자나 수입/지출 혹은 비용/편익에만 국한되지 않는 정치적이고 사회적인 문제이기 때문일 것이다. 이 책에서는 경제와 노동, 경제와 공동체, 경제와 권리 교육이 어떻게 연결되는지를 보여 주고자 했다. 자본주의가 '자유민주주의'와 동의어인 양 사용되고, 가난한 자를 위한 교육이 실종되어 가는 시대다. 그러나 항상 부자보다는 가난한 사람들의 수가 많을 것이고, 돈은 흐르는 것인 만큼 부자 역시 가난해질 수 있을 것이기에, 모든 사람을 위한 교육은 부자를 위한 교육은 아닐 것이다. 돈을 위한 경제교육을 넘어서, 부자 되기를 가르치는 학교를 뒤로하고 다른 교육, 다른 학교의 모습을 함께 만들어 가자고 내미는 손을 부디 많은 독자들이 잡아 주길 바란다.

저자들을 대신하여

진냥(희진)

1부

'돈 되는 교육', '돈을 위한 교육'은 당연한가

'돈 되는 교육'과 '돈을 위한 교육'을 넘어

- 투자와 재테크의 시대, 무엇을 가르칠 것인가

《오늘의 교육》 2022년 5·6월

김형성

부산남일고 국어 교사

돈, 돈, 돈이 문제였던 시대

"애들아, 이번 수학여행은 취소되었어." 1998년, 나는 초
등학교 6학년이었다. 수학여행이 취소되었다는 담임 선생
님의 말에 아이들의 반응은 갈기갈기 찢어졌다. 그때에도
소위 목소리 큰 아이들이 있기 마련이었다. 대체 왜 못 가
는지 이해가 안 간다는 목소리가 울려 퍼져 날카롭게 귀에
박혔다. 난 조용히 침묵했다. 열세 살은 IMF를 알 만한 나
이는 아니었지만, 가정 형편은 알 나이였다. 기업 부도, 정
리 해고 같은 뉴스는 딴 세상 얘기였지만, 집안을 책임지는
엄마의 한숨은 내가 품어야 할 작은 세계였다.

당시 한스밴드의 〈오락실〉이라는 노래가 꽤 유행했다.[1]

---

1 시험을 망쳐어 오 집에 가기 싫었어 / 열 받아서 오락실에 들어갔어 / 어
머 이게 누구야 저 대머리 아저씨 / 내가 제일 사랑하는 우리 아빠 (……)
오늘의 뉴스 대낮부터 오락실엔 / 이 시대의 아빠들이 많다는데 / 혀끝을
쯧쯧 내차시는 엄마와 / 내 눈치를 살피는 우리 아빠(〈오락실〉 노랫말 일부)

출근한 척 가족을 속이는 아버지의 이야기가 가벼운 멜로 디에 얹혀 울려 퍼지곤 했다. 유쾌하고 발랄한 멜로디에 스며든 슬픈 노래 가사는 문학 시간에 배우던 아이러니 그 자체였다. 돈 때문에 자살하는 사람들이 넘쳐났지만 돈 때문에 힘겨운 사람들의 슬픔이 대수롭지 않게 소비되던 시대에, 우리는 살았다. 당시 IMF 경제 위기 극복을 외치며 당선된 대통령은 무너진 사회 안전망 회복을 강조했고, 국민연금은 그 일환이었다.[2] 하지만 당시 구청 공무원의 국민연금 가입 권유 전화를 받고 화를 내던 엄마의 목소리가 아직도 생생하다. '지금 먹고 죽을 돈도 없는데, 살아 있을지도 모를 20년 뒤를 생각하면서 무슨 돈을 내란 말이에요?'

그랬다. 지금, 당장의 먹을거리가 생존의 문제로 여겨지던 시대에, 나는 살았다. 매일 챙겨 가야 하는 점심 도시락의 메뉴가, 소풍에 입고 갈 옷이 하루하루의 중차대한 문제였다. 그래도 견딜 만했다. 나는 하루에 몇백 원으로도 충분히 즐거운 하루를 살아갈 수 있는, 씀씀이가 작은 어

---

2 도재형, "김대중 대통령과 복지국가", 〈한국일보〉, 2019년 8월 19일.

린아이였으니까. 그러나 매일 밤 커피포트를 들고 광안리 바닷가에 나가 커피를 팔며 생계를 유지하던, 돈을 벌기 위해 아등바등하며 살던 엄마의 모습은 잊히지 않는 슬픔이었다. 국어 수업 시간에 배운 기형도의 〈엄마 걱정〉 속 '찬밥처럼 방에 담긴' 화자는 바로 나였다. '배추잎 같은 발소리 타박타박' 내며 새벽에 집으로 돌아오는 화자의 엄마는 바로 우리 엄마의 모습이었다. 그렇게 가난과 빈곤에 힘겨운 사람이 많았음을, 그들의 절박한 슬픔을, 나는 어린 나이에 알았다.

가난과 빈곤, 애정과 연대를 가르치던 시대

수업에는 교사의 철학이 녹아들기 마련이다. 내 수업은 자연스레 변두리를 살아가는 사람들이 남긴 흔적을 비추는 시간이 되었다. 수업을 하며 가난과 빈곤, 애정과 연대를 이야기했다. 〈흥부전〉을 수업하며 지배층의 횡포에 시달렸던 가난한 민중의 삶을, 〈운수 좋은 날〉을 수업하며 일제 강점기에 우리 민족이 겪었던 빈곤을 가르쳤다. 〈비 오는 날〉을 가르치며 한국 전쟁 이후 우리 부모 세대가 겪었던 처절한 가난을,《난장이가 쏘아올린 작은 공》을 가르치며 산업화 시대의 그늘 아래 가려진 빈자의 슬픔을 가르쳤다. 경쟁에서 뒤처진 약자들에 대한 애정과 성장과 발전이라는 장밋빛 전망에 희생된 타자와의 연대는 내가 수업 시간에 가장 자주 다루는 주제였다.

아이러니하게도 변두리의 삶을 주제로 수업을 꾸리던 시기는 보수 정권이 집권했던 10년(2007~2016년)이었다. 그래서 교실 속 수업을 시대, 현실과 연결해 풀어내기 쉬웠다. 《난장이가 쏘아올린 작은 공》을 가르치며 용산 재개발 참사와 뉴타운 열풍에 가려진 자본의 탐욕을 이야기했고, 감세와 의료 민영화가 이야기되던 시대에 소득 재분배와 사회 안전망의 가치를 이야기하는 독서 지문을 읽을 수 있었다. 갭 투자를 통해 300채의 집을 굴리는 투자자의 무용담[3]이 떠돌던 시대에는 학생들과 주거 안전을 주제로 토론하곤 했다.

2012년 대선에서 진보든 보수든 부의 공정한 분배를 주장했고, 이 같은 논의가 자연스레 경제 민주화 담론으로 이

---

3 박정수(2016),《나는 갭 투자로 300채 집주인이 되었다》, 매경출판.

어졌다.[4] 2014년, 피케티의 《21세기 자본》이 출간되면서, 과도한 자본 소득의 문제가 다시 한 번 떠오르기 시작했다. 당시에도 자본 소득은 노동 소득을 압도했고, 부총리 겸 기획재정부 장관은 빚을 내서 집을 사라고 했다.[5] 그래도 당시 우리 사회는 신자유주의의 대안, 구조적 불평등을 해소할 제도와 시스템을 마련하는 데 관심을 기울였다. 적어도 교실 속 공간만큼은 돈이 지배하는 공간이 아니었다. 자본주의의 거센 파도로부터 그 공간만큼은 지켜 낼 힘이 있었다.

"선생님, 테슬라 주식 사세요"

그런데 세상이 달라졌다. 부동산을 투자가 아닌 주거의 수단으로 바라보던 문재인 정부의 선한 의도와 각종 규제가 역효과를 낳았다. 부동산 가격은 폭등했고, 언론은 비

---

4 "10년 전 '경제 민주화' 경쟁하더니… 이번 대선엔 진보·보수 모두 '성장' 우클릭", 〈비즈한국〉, 2022년 2월 18일.
5 "최경환 경제부총리의 끝없는 부동산 사랑", 〈한겨레〉, 2015년 12월 18일.

난했다. 노무현 정부 당시 상황의 복사판이었다. 주거 안전성을 위해 도입한 '임대차 3법'이 오히려 서민을 힘들게 만들었다는 언론의 질타가 이어졌다. 2020년, 상상하지도 못했던 전염병의 유행으로 주식과 가상 화폐 시장이 폭주했다. 각종 금융, 재테크 주제로 책들이 쏟아져 나오고 관련한 유튜브 채널이 흥행했다. '파이어족Financial Independence, Retire Early+族'이라는 말이 등장했다. 노동 소득이 아닌 자본 소득을 축적해 일찍 은퇴를 이루는 것이 성공한 인생으로 취급받았다.

덩달아 학교에서 배울 수 없는 각종 경제교육이 강조되면서 학교교육의 무용성을 이야기하는 사람이 늘었다. 현실에서 바로 써먹을 수 있는 교육, 투자와 재테크 교육을 해야 한다는 목소리가 심심치 않게 들렸다. 곧이어 아이들에게 주식을 사 줘야 한다는 유명 증권 회사 대표의 말이 명언처럼 소비됐고, 10대 학생에게 자본주의 시대를 살아가는 현명한 방법을 가르친다는 경제 예능이 화제가 되었다. 초등학생 아이들에게 경제교육을 하는 한 초등학교 교사는 유튜브에서 참교사의 모범으로 떠올랐다.

어느덧 경제 민주화, 소득 재분배, 유럽형 복지 국가로의 전환과 같은 사회적 어젠다는 저 멀리 사라져 버렸다. 대신

'파이프라인'[6], '경제적 자유'[7]와 같은 신조어가 등장했다. 사람들은 육체 노동과 직접 노동보다 자산이 벌어들이는 소득에 집중하기 시작했고, 언론에서는 일찍이 은퇴한 20~40대 젊은이들의 투자 사례를 미담처럼 쏟아냈다. 이제 절대적 가난과 빈곤은 그 누구의 관심사도 아니었다. 대신 상대적 박탈감이라는 용어가 유행하기 시작했다. 마지막 자산 상승의 사다리를 놓쳐 버린 청년 세대의 박탈감을 강조하는 '벼락 거지'라는 신조어마저 생겨났다. 인플레이션의 시대에 제대로 된 기회를 잡아야 자산을 급상승시킬 수 있다는 이야기가 교훈처럼 울려 퍼졌다.

자연스레 교실 속 학생들의 관심사도 달라졌다. 돈 공부를 하지 않는 개인의 나태함과 어리석음이 의문과 비난의 대상이 되었다. 점점 가난과 빈곤이 개인의 책임처럼 여겨지기 시작했다. 어느 날 한 학생이 쉬는 시간에 다가와 나에게 비트코인과 테슬라 주식을 샀냐고 질문했다. 선생님도 비트코인과 테슬라 주식을 사면 부자가 될 수 있고, 빨

---

6 석유나 천연가스 등을 수송하기 위해 매설한 관로. 최근 들어 시간과 노동력을 들이지 않고도 안정적인 수입을 기대할 수 있도록 설계된 재테크 수단을 일컫는 말로도 쓰인다.
7 생계를 위해 원치 않는 일을 할 필요가 없는 상태를 일컫는다.

리 은퇴해 '파이어족'이 될 수 있다는 이야기를 덧붙였다. 학교에서 학생들과 씨름하며 힘들게 노동하지 않아도 된다는 학생 나름의 걱정이었다. 변하는 학생들의 이야기는 곳곳에서 들려왔다. 한 교사의 이야기를 블로그를 통해 접한 것도 그쯤이었다. 조세희의 《난장이가 쏘아올린 작은 공》을 소재로 수업한 뒤 학생들과 토론 수업을 진행하는데, 한 모둠의 학생들이 개발업자에게 속아 입주권을 시세의 반도 안 되는 가격으로 판 '난장이' 가족을 향해 '시세를 파악하지 못한 난장이 가족이 어리석다', '난장이 가족이 잘못했다' 등의 이야기를 했다는 것이다. 재개발 지역의 원주민들이 20%도 채 정착하지 못하는 현실, 거대한 투기 세력의 탐욕은 학생들의 토론에서 자리매김하기 힘든 주제가 되어 버렸다.[8]

2014년에 피케티가 분석하고 예견했던 역사적 현상이 다시금 반복된 것은 놀랍지 않은 현실이었다. 국민 소득 중 자본 소득이 차지하는 비중이 클수록 소득 분배 상태가 악화한다는 것은 코로나19 이후 다시 한 번 증명되었다. 그

---

[8] "원주민 쫓아내는 재개발·재건축… 서울 경우 재정착률 20%대 추산", 〈국민일보〉, 2019년 11월 17일.

러나 언론은 늘어 가는 자본 소득의 비중과 불평등한 분배 상태의 강력한 상관관계에 귀 기울이지 않았다. 우리가 이 불평등에 적극적으로 대응하지 않는 이상, 과도한 부의 대물림 즉, 세습 자본주의patrimonial capitalism를 피할 수 없음에도 대다수 언론은 지난 정부의 과도한 세금 문제를 지적했다. 이제 세금은 무조건 적게 낼수록 좋은 것이 되어 버렸다.

많은 사람이 국민연금을 비난한다. 제대로 돌려받지 못할 돈이라는 이유에서다. 그 돈을 시장 상품에 투자하면 더 많은 수익을 얻을 수 있다고 주장하기도 한다. 이 과정에서 국민연금의 소득 재분배 기능은, 사회적 약자에 대한 배려는 알 바가 아니다. 이렇듯 개인의 노후는 중요하지만, 사회적 약자의 노후는 관심 밖이 되어 버렸다. 공동체의 안전을 지킬 울타리가 아닌 각자도생의 유용함을 외치는 시대. 노동과 세금은 무가치한 것으로, 내 직장과 직업은 잠시 거쳐 가는 정류장으로 여겨지는 시대의 미래는 과연 어떠할까. 그리고 지금 우리는 이 같은 현실에서 무엇을 가르칠 수 있고 가르쳐야만 하는 것일까.

자기모순의 함정

"월급만으로는 노후를 보장할 수 없다."

"경제적 자유를 실현해야 한다."

"불로 소득으로 현금 흐름을 만들어라."

"부동산과 주식은 계층 사다리를 오르는 유일한 방법이다."

주변 친구들과 각종 언론, 유튜브에서 나오는 소리에 귀를 기울이니 난 재테크 책의 정석이라는 《부자 아빠 가난한 아빠》에 나오는 '가난한 아빠'의 전형이었다. 다들 내가 옳다고 믿었던 신념이 가난으로 가는 길이라고 이야기하고 있었다. 돈을 버는 방법이 아닌, 노동의 가치와 사회적 약자에 대한 연민을 가르쳐야 한다고 생각한 나였다. 유년 시절의 슬픔을 기억하며, 레비나스의 말처럼 '타자의 얼굴'을 봐야 한다고 나긋이 이야기하던 나였다. 그러나 모두가 입을 모아 말했다. '자신의 노동만을 지켜 가는 사람은 결국 가난을 피하지 못한다', '세금은 최대한 덜 내야 한다', '돈에 대해 가르치지 않는 학교교육은 무용하다'. 어느 정도 공감이 가면서도, 가지 않았다. 아니 공감하기가 싫었다. 고도성장의 길을 걸어온 윗세대와 내가 걸어가야 할 길이 다르다는 것을 알면서도, 저축만으로 안락한 삶을 보장받을 수 없음을 알면서도, 애써 외면하고 싶었다.

그러나 자본주의의 거센 파도를 견딜 만큼 내 자아는 견고하지 못했다. 뉴스로만 접하는, 폭등하는 누군가의 자산을 바라보며 벼락 거지가 될까 무서웠고, 비혼의 삶을 선택한 내가 마주할 잿빛 미래의 잔상이 나를 괴롭혔다. 성실한 노동만으로는 이 싸움에서 버티지 못해 쓰러질 것 같다는 두려움이 엄습했다. 흘러간 시간을 보상받는 유일한 방법은 내 신념과 철학을 버리고 순순히 자본의 법칙에 따르는 것이라 판단했다.

2021년 8월, 나는 세금을 내지 않아 국가에 압수된 한 재개발 지역의 빌라를 낙찰받았다. 그 이후 주택 담보 대출을 받기 위해 수많은 은행을 돌아다니며 상담을 받았다. 주민 등록 등본을 비롯한 각종 서류를 몇 번이나 출력했는지 모른다. 가는 은행마다 나처럼 대출을 받으려는 사람들이 붐볐다. 내 기다림에는 탐욕의 냄새가 짙게 배어 있었다. 누군가의 절박함과 누군가의 탐욕이 뱉어 내는 냄새들이 어지럽게 뒤섞인 공간에서, 난 내 순서를 놓치지 않으려 대기 번호표를 힘껏 움켜쥐었다. 이 표가 실체를 알 수 없는 불안과 두려움에서 벗어날 수 있는 유일한 승차권처럼 여겨졌다.

이 열차를 놓쳐서는 안 된다는 절박함, 이 절박함이 나를, 나의 신념을, 나의 존재를 부정하게 만든 것이다.

재테크 교육이 아닌, 노동인권교육을
부자가 되는 방법이 아닌, 가려진 타자와의 연대를

한동안 자기모순, 자기 부정이라고 할 법한 내 행동에 스스로 많이 힘들고 괴로웠다. 법을 위반한 것도, 윤리적으로 어긋난 행동을 한 것도 아니었다. 그러나 존재와 신념이 일치해야 한다고 믿으며 살았던 내게, 자본주의의 거센 외풍에 힘없이 스러진 내가 우습게 느껴지기도 했다. 그러나 부서지고 망가지는 삶 속에서라도 최소한의 품격을 지키는 삶을 살자고 다짐했다. 그렇게 지난 선택을 합리화했다. 어쩔 수 없이 돈을 향해 나아가는 삶이라 할지라도, 놓쳐서는 안 될 가치가 있음을 스스로 되새겨야 한다고, 그리고 가르쳐야만 한다고 다짐했다.

나는 지난 2년 동안 학생들과 다양성diversity을 주제로 학기당 한 권의 책을 읽었다. '한 학기 한 권 읽기'라는 이름으로 붙여진 이 독서 활동은 학생들이 원하는 책을 선정

할 수도 있다. 하지만 난 그러지 않았다. 다수의 삶에 가려진 주변의 삶에 주목하고자 했다. 자본 논리와 성장 담론에 가려진 흔적들을 살펴보고자 했다. 장애, 비혼, 성소수자, 학교폭력, 학업 중단, 가난과 노동과 관련된 다양한 책을 미리 읽고 나만의 도서 목록을 만들었다. 특히 학생들에게 울타리 없는 자본주의의 광풍에 열광하는 지금 이 시대에, 여전히 우리를 힘겹게 하는 가난과 노동에 주목하자고 말했다.

이 활동에서는 같은 책을 선택한 학생들이 하나의 모둠이 된다. 8시간 동안 수업 시간에 책을 읽고, 매시간 독서일지를 쓴다. 책을 읽으며 인상 깊은 내용과 궁금했던 점을 기록하고, 이를 중심으로 2시간가량 대화를 나눈다. 이후 보고서를 쓴다. 한 모둠은 김만권의 《새로운 가난이 온다》를 읽고 '클라우드 노동', '컨시어지 노동', '플랫폼 노동'과 같은 4차 산업 혁명 시대의 새로운 노동 환경에 놓인 노동자의 삶을 읽고, 충분한 삶의 질을 보장해 주지 못하는 우리의 노동 현실을 걱정했다. 박정훈의 《배달의 민족은 배달하지 않는다》를 읽은 모둠은 AI 알고리즘의 명령에 따라 분초 단위로 노동하며 위태로운 환경 속에서 매 순간 산업 재해의 위기에 처하는 플랫폼 노동자들의 실태를 깨달았다. 이 모둠은 배달 노동자의 단체 카톡방에 들어가 그들의 노동 현실을 잠시나마 들여다보고 인터뷰한 뒤 개선 방안을 보고서로 작성했다. 한 모둠은 조기현의 《아빠의 아빠가 됐다》를 읽고, 치매에 걸린 아버지를 9년 동안 돌본 한 아들의 기록을 통해 복지 사각지대의 실태를, 돌봄을 개인의 책임으로만 전가하는 사회의 단면을 알게 되었다. 이 모둠은 기초생활 수급자의 부양 의무자 제도의 허점을 지적하는 보고서를 쓰며 국가의 역할과 책임을 인식했다. 그렇게 어디에든 존재하지만, 어둡게 가려진 삶을 살피고 기록했다.

많은 전문가가 4차 산업 혁명으로 노동 없는 사회가 도래할 것이라 이야기한다. 그러나 여전히 우리의 노동은 심각한 위기에 처해 있으며, 이 위기를 극복하려는 노력은 부족하다. 현장 실습을 나가는 특성화고 학생들의 죽음은 여전히 이어지지만, 학생들은 학교에서 여전히 '성공적인 직업생활'이라는 과목을 배울 뿐 자신을 둘러싼 위태로운 노동 현실을 배우지 못한다. 일반계 고등학교 학생들도 마찬가지다. 대다수 학생이 아르바이트를 비롯해 성인이 되자마자 작고 큰 노동을 하며 살아가지만, 졸업하기 전 한두 시간의 노동인권교육을 듣는 것이 노동 관련 교육의 전부다. 그러니 대다수 학생이 노동의 과정에서 자신의 권리

를 지키는 법을 알지 못한다.[9]

아이들이 마주할 현실은 여전히 위태롭기만 하다. 「중대재해 처벌 등에 관한 법률」이 도입되었지만, 다수 노동자의 노동 현장은 여전히 위험하다. 우리나라 노조 조직률이 26년 만에 최고치를 기록했다지만, 여전히 OECD 국가 중에서는 중하위권에 속한다. 뉴스에서는 매일 코스피 지수와 경제 성장률 같은 거시 지표를 이야기하며 국가의 부를 강조하지만, 국가의 부에 기여한 다수 노동자의 삶은 계속해서 흔들리고 있다. 언론은 성공적인 노후를 위한 투자와 재테크를 강조하지만, 압도적인 노인 빈곤율과 자살률, 복지 사각지대와 노동 문제에 대해서는 무관심하다. 이처럼 모든 것이 개인의 책임이 되어 가는 현실에서, 국가의 역할을 요구하는 주장은 나태와 게으름으로 취급받곤 한다.

누군가는 이 같은 목소리가 공허한 울림과 같다고 이야기할지도 모르겠다. 자본주의 시대에 걸맞은 교육의 모습이란 플랫폼 기업의 성장 가능성에 주목하며 재무제표를 읽는 법을 가르치는 것이라고 할지도 모른다. 성장 가치

---

9 "부산 알바 중·고생 약 절반 근로계약서 안 썼다… 노동인권교육 실태 조사", 〈뉴스1〉, 2020년 12월 9일.

가 있는 기업의 주식에 투자하는 안목을 쌓고, 이를 통해 경제를 바라보는 시야를 넓혀야 한다고 이야기할지도 모른다. 이른바 경제교육의 외피를 둘러싼 재테크 교육의 모습이다. 그러나 교육의 본질을 당장의 '쓸모 있음'에서 찾는 목소리에서 공허함을 느끼는 건 무엇 때문일까. '돈 되는 교육'과 '돈을 위한 교육'이 교육의 지향점이 되어 가는 현실에 안타까움을 느끼는 건 왜일까. 우리가 살아갈 교실 밖 삶은 여전히 냉정하고 엄혹한데, 수치와 그래프로 움직이는 경제를 읽고 이해하면 우리 삶은 과연 행복해질까.

모든 사람이 부자가 될 수는 없다. 누군가는 반드시 실패한다. 그렇게 무한 경쟁을 하는 승자 독식의 사회에서 상처받고 탈락하는 사람들이 존재하기 마련이다. 그러니 우리에겐 든든한 울타리가 필요하다. 그렇게 다시 한 번 일어날 기회를 얻어야만 한다. 누구든지 성공할 수 있고, 누구든지 실패할 수 있으니 서로의 존재에 관심을 기울여야만 한다. 부를 향해 질주하는 삶 대신, 서로를 돌보는 건강한 공동체를 만들어야만 한다. 교실 속 공간만큼은 자본의 논리를 넘어 서로를 지탱하는 든든한 버팀목이 되어야 한다. 야수의 속성을 지닌 자본주의로부터 인간다운 삶을 지키는 것. 이것이야말로 내가 가르치고 싶은 전부다.

계속 탐욕적 인간을 길러 낸다면
미래는 잿빛일 것이다

- 돈이 전부라는 아이들,
개인의 성공만 가르쳐 온 학교

《오늘의 교육》2023년 9·10월

서부원

광주 살레시오고 교사

"선생님도 편안한 노후를 위해 금융교육 좀 받으셔야겠어요."

살아온 시간이 30년도 넘게 차이가 나는 어린 제자들에게 이런 충고를 듣게 될 줄은 꿈에도 몰랐다. 부동산 투기가 범람하는 우리 사회의 현실을 함께 성찰해 보자는 취지로 대화를 나누는 수업 시간이었다. 내심 부동산 매매를 통해 얻은 막대한 불로 소득은 그 액수만큼 국가가 세금으로 환수하는 게 옳다는 결론을 도출해 낼 참이었다.

예상은 보기 좋게 빗나갔다. 대화가 이어질수록 배는 자꾸만 산으로 향했다. 아이들은 부동산 투기에 대한 문제의식 자체가 희박했다. 부동산의 매매를 통한 이익과 손해가 '제로섬zero-sum 게임'이라는 데 대해선 모두 동의했지만, 그게 뭐가 문제냐는 투였다. 지금 거주하는 아파트의 가격이 올라 환호작약하는 이들의 정반대편에, 아무리 저축해도 내 집을 장만하기 힘들다며 절망하는 이웃들이 있다는 사실을 대수롭지 않게 여겼다.

"부동산이든 뭐든, 우리의 삶이 원래 '돈 놓고 돈 먹기' 아닌가요? 오죽하면 '눈 감으면 코 베 가는 세상'이라는 말이 나왔겠어요. 의치대나 명문대, 하다못해 '인 서울' 대학 진학을 꿈꾸고, 초등학교 때부터 1년 365일 밤늦은 시간까지 학원과 스터디 카페를 찾아 열심히 공부하는 이유가 뭐겠어요? 단 하나, 돈 많이 버는 좋은 직업을 갖기 위해서죠."

한 아이의 솔직한 답변에 모든 아이가 맞장구를 쳤다. 말 그대로 '큰 학문大學'을 공부하고 싶어 대학에 간다는 아이는 단 한 명도 없다. 대뜸 "지금처럼 공부할 거면, 왜 굳이 대학을 가겠느냐"고 반문하는 황당한 경우도 겪었다. 그들에게 대학은 '취업을 위한 관문' 그 이상도 이하도 아니다. 신뢰도는 차치하고, 최근 모든 대학의 광고에 전가의 보도처럼 등장하는 '취업률 1위'라는 문구는 그들을 겨냥한 가장 효과적인 '호객 행위'다.

아이들을 '고객'이나 '돈줄'로 여기는 우리 대학의 참담한 현실이 어제오늘의 일은 아니다. 우리 사회의 미래를 걱정하는 이들이라면 누구라도 대학교육의 책임과 역할을 다하라며 분개할 일이지만, 그러한 목소리는 거의 들리지 않는다. 서열화한 학벌 구조는 무능하고 무책임한 대학의 치부를 가려 주는 든든한 뒷배다. 특히 서울 소재 상위

권 대학의 경우, 아무리 등록금이 비싸다 해도 합격만 시
켜 주면 감지덕지라는 학생들과 학부모들이 전국에 줄을
섰다.

뻔뻔해진 세상

요즘 아이들은 '부동산 투기'라는 용어에 낯설어한다. 불
과 몇 해 전까지만 해도, 부동산 매매로 수익을 내는 행위
엔 어김없이 '투기'라는 말이 따라붙었다. 아무리 합법적인
거래였다고 할지라도 도덕적으로는 손가락질받는 분위기
였다. '부동산 부자'는 '투기꾼'과 사실상 동의어처럼 여겨졌
기에, 누구든 부동산으로 돈을 벌었다는 이야기를 떳떳하
지 않은 치부로 여겨 웬만해선 다른 사람들 앞에서 꺼내지
않았다.

그랬던 우리 사회가 백팔십도 달라졌다. 당장 아이들
조차 부동산은 '투자'해 돈을 버는 효율적인 수단이며, 관
련 지식을 공부하는 건 필수적 교양이라고 스스럼없이 말
한다. 법을 어기지만 않는다면 다양한 정보를 수합하고 법
률 지식을 활용해 수익을 창출하는 건 외려 권장할 일 아

니냐고 반문하는 상황이 됐다. 발품도 팔고 경험과 지식을 동원해야 하는 일이니, 부동산 투자로 벌어들인 소득을 '불로 소득'으로 낙인찍는 것도 온당치 않다고 주장했다.

아이들이 말하는 '불법'의 정의도 납작하기 이를 데 없다. 권력에 줄을 대어 미리 개발 정보를 빼낸 뒤 부동산을 사들였다거나, 반대로 사들인 부동산이 개발되도록 정부에 압력을 넣는 행위 정도만 불법의 예시로 거론되었다. 심지어 부동산도 엄연히 헌법이 보장한 사유 재산인 만큼 여느 재화와 달리 취급될 이유가 하등 없다며 짐짓 두둔하기까지 했다.

혹 떼려다 더 큰 혹을 붙인 꼴이 됐다. 부동산 투자를 백안시해선 안 되고, 매매 차익을 불로 소득으로 볼 수 없다는 의견이 아이들 중 다수였다. 부동산 투자로 벌어들이는 수익이 땀 흘려 일해서 버는 노동 소득보다 더 많다면 누가 애써 일하겠느냐는 반론은 아이들 사이에서 큰 반향을 불러일으키지 못했다. 자기 집값이 얼마나 올랐는지 확인하는 게 이미 온 국민의 일상이 된 만큼 옳고 그름을 따지는 게 무의미하다는 주장까지 나왔다. 이미 엎질러진 물이라는 뜻이다.

고등학생 정도라면 주택 담보 대출이나 갭 투자와 같은

부동산 관련 용어는 이제 상식에 속한다. 한 아이는 부모님이 20년 넘게 구독해 온 종합 일간지를 얼마 전에 끊고 경제 신문으로 갈아탔다고 귀뜸했다. 신문 대신 스마트폰으로 뉴스를 즐겨 본다는 그도 정치와 사회 관련 소식보다 스포츠와 경제 관련 기사가 먼저 눈에 들어온다고 말했다. 학교에도 여러 경제 신문이 꾸러미로 놓여 있는 풍경을 매일 아침 출근길에 보게 된다.

"돈이 돈을 버는 요즘 같은 세상엔 부동산과 주식 투자 기법 등을 모르는 사람이 문맹이래요. 거기에 코인까지도 미리 배워 두면 좋대요."

그의 천연덕스러운 말에 부지불식간 한숨이 터져 나왔다. 집에서 부모님이 입버릇처럼 되뇌는 말씀이라고 했다. 오늘날의 각박한 현실을 그대로 당신의 자녀에게 옮겨 전한 푸념일 테지만, "개같이 벌어서 정승같이 쓰자"라는 속담조차 무색하게 만드는 참으로 낯 뜨거운 조언이다. 거칠게 말해서, '우리 사회에선 가난하면 무시당한다'는 말과 조금도 다르지 않아서다.

이는 아이들에게 결코 해선 안 될 말이다. 돈이 돈을 버는 각박한 사회를 만들어 놓은 기성세대로서, 부끄러움을 내팽개친 뻔뻔한 짓이다. 자칫 아이들이 그런 말에 길들다

보면 '돈이 전부인 줄로 아는' 비뚤어진 사람으로 자라날지도 모른다. 수업 중에 이따금 "인류의 역사가 증명하듯, 물신주의가 창궐하는 공동체는 끝내 파멸에 이르게 된다"라고 말하면, 아이들은 "이미 허물어져 더 무너질 공동체도 없다"라는 조롱으로 맞받아친다.

가난은 죄, 돈이 정의인 시대

무소불위한 돈의 힘을 알아 버린 아이들이 물불 가리지 않고 '돈벌이'에 나서는 모습을 보노라면 안타까움을 넘어 두렵기까지 하다. 학생이라는 신분에 개의치 않을뿐더러 편법과 불법을 서슴지 않는 경우도 왕왕 있다. 과거에는 편의점이나 식당, 주유소 등에서 최저 시급을 받으며 시간제로 일하는 게 보편적이었지만, 이젠 양상이 확연히 달라졌다. 아이들은 많은 시간과 노력을 들이지 않고도 손에 쥔 스마트폰을 이용해 쉽게 돈을 벌 수 있다는 걸 알게 됐다. 중고 제품을 거래하는 애플리케이션을 통해 각종 물건을 팔아 쏠쏠한 수익을 내기도 한다. 짧은 시간에 돈을 벌 수만 있다면 아이들의 행동은 염치고 뭐고 따지는 법이 없다.

기성세대가 전수한 대로, 그들에게도 돈이 '정의'다.

가난하면 '죄'가 되는 시대가 도래했다. 과거 5공화국 시절 "유전무죄 무전유죄"라는 범죄자 지강헌의 울부짖음은 TV 방송을 탄 이후 지금까지 사람들에게 널리 회자되고 있다. 그래도 그땐 큰 죄를 짓고도 미꾸라지처럼 법망을 잘도 빠져나가는 부자들의 파렴치함을 꾸짖는 표현이었다. 돈이 없으면 억울한 일을 당하고도 하소연조차 할 수 없는 시대를 반영한 비유였다. 요즘 아이들 사이에선 그런 표현조차 본래의 비판적 의미를 상실했다. 가난하면 무능한 것이고, 무능의 대가를 치르는 건 당연하다고 여긴다. 승자독식이라는 능력주의의 결과에 대해 문제 삼으면 십중팔구 또래들로부터 '지질이'로 낙인찍히게 된다. 돈이 '정의'고 가난이 '죄'인 시대에, 아이들은 경제적 양극화도 불가피한 사회 현상 정도로 치부한다. 그 해악을 모르진 않지만, 아이들 역시 '파이를 키우려면 분배보다 성장이 우선'이라는 말을 금과옥조처럼 떠받들고 있다. 경제적 양극화보다 그 과정이 공정했는지에 더 관심을 두는 것도 그래서다.

그들이 말하는 공정은 '객관식 시험 성적'을 통한 줄 세우기다. 면접은 말할 것 없고, 서술형 시험조차 채점자의 주관이 개입될 여지가 크다며 불신하기 일쑤다. 1등이 누리는 혜택과 꼴등이 견뎌 내야 하는 고통은 부차적인 문제가 된다. 1등이 수십억, 수백억 원의 연봉을 받는 것에 대해 아무런 문제의식이 없다. 프랑스 축구 스타 음바페가 사우디아라비아의 한 축구 클럽으로부터 우리 돈으로 1조 원이 넘는 연봉을 제안받았다는 충격적인 소식에도 "누구보다 축구를 잘하잖아요"라고 심드렁하게 답한다. 1조 원이면, 우리나라 1년 예산의 1/600에 이르는 천문학적 액수다.

요즘 아이들 사이에서 돈벌이에 '가성비 갑'이라고 알려진 건 뭐니 뭐니 해도 인터넷 도박이다. 스마트폰만 가지고 있으면 일사천리다. 버젓이 교실에서 어느 사이트가 가입하기 쉽고 돈을 딸 확률이 높은지 '투자 정보'를 교환하는 아이들도 있다. 누가 얼마를 베팅해 벌었는지 소문이 삽시간에 퍼지고, 별 관심도 없던 아이들까지 귀를 쫑긋 세우기도 한다. 대화가 무르익어 가다 보면, '베팅 고수'는 일약 교실 내에서 '인싸'로 등극하게 된다.

굳이 정부 통계를 들먹일 필요도 없다. 아이들의 인터넷 도박은 학교 안팎에서 중독 문제가 심각하게 제기될 만큼 이미 간과할 수 없는 수준에 이르렀다. 지금 도박에 빠져 있다고 스스로 말하는 아이는 물론 없지만, 웬만한 인터넷 도박 사이트는 아이들 대부분이 알고 있다. 도박 중독에 대한 아이들의 경각심을 고취하기 위해서 최근 학교마다 청소년 대상 예방 교육이 진행되고 있으며, 가정 통신문을 통해 학부모와도 심각성을 공유하고 있다.

도박이 학교폭력으로 비화하는 경우도 허다하다. 어른이고 아이고 돈을 빌리고 갚는 과정에서 크고 작은 갈등이 생기는 건 피할 길이 없다. 액수와 상관없이 교내에서 아이들끼리의 금전 거래는 모두 학칙 위반인 까닭에 도박 문제는 사달이 벌어지고 나서 드러나는 게 보통이다. 아이들끼리 변제 각서를 쓰기도 하고, 이자도 사채 금리를 뺨 치는 수준이어서, 그들에겐 학교가 도박장이었나 싶을 때도 있다.

도박과 관련된 학교폭력 사안은 100% 학부모들끼리의 다툼으로 전이된다. 특히 거래 금액이 큰 경우, 왕왕 양측에서 변호사까지 동원해 법적 분쟁이 벌어지기도 한다. 이쯤 되면 학교가 어찌 손써 볼 수 없는 상황이다. 학교폭력 문제가 되면 사안에 따라 엄한 처벌을 받게 되지만, 혼자 인터넷 도박을 하다 적발된 경우엔 학부모에게 통보하는 것으로 마무리된다. 생활지도위원회를 열어 선도하지만 교내외 봉사 활동과 예방 교육 이수 등이 사실상 학교가 내릴 수 있는 처분의 전부다. 학교에서 하는 예방 교육은 효과를 기대하기 어렵다. 수백 명을 한데 모아 놓고 진행하는 강의는 그저 '교육을 위한 교육'일 뿐이다. 경청하는 아이는 손에 꼽을 정도이고, 대부분은 채 10분도 못 견디고 엎드려 잔다. 그런데도 전국의 모든 학교가 의무적으로 실시한다. 추상같은 정부의 지침을 일선 학교가 거스를 순 없다. 물론, 그보다 더 중요한 이유가 있다. 사달이 발생할 경우를 대비한 면책 수단이기 때문이다.

학교는 나름의 최선을 다하고 있지만, 나날이 인터넷 도박에 빠져드는 아이들은 늘어만 간다. 학교가 실시하는 형식적인 예방 교육 정도로는 '돈이 전부'라고 여기는 아이들의 맹목적인 확신을 돌려세울 수 없다. 아무리 엄벌하겠다고 을러대도 아이들에게서 겁먹은 기색은 찾아 보기 힘들다. '50%의 이윤이 남는다면 모험을 감수하고, 100%라면 법을 위반하며, 200%라면 목숨까지 걸게 된다'는 마르크스의 말이 이미 아이들의 머릿속에 똬리를 틀고 있는지도 모른다.

돈이 인생의 전부라면

이 와중에 주식과 선물 투자 기법 등을 가르치는 금융교육을 교육과정에서 필수 교과로 지정하자는 이야기가 최근 여기저기서 나오고 있다. 기존의 이론 중심의 낡은 경제교육을 지양하고, 현실 생활에 보탬이 되는 내용을 아이들에게 가르치자는 주장이다. 학부모들은 물론, 일부 교사들까지도 가세하는 모양새다.

그러잖아도 학교마다 주식 투자 관련 동아리가 꾸려져 있고, 특히 대학에 상경 계열로 진학하려는 아이들에겐 금융 관련 공부가 필수 코스처럼 받아들여지는 실정이다. 근래엔 비트 코인 등 암호 화폐에 관한 관심도 부쩍 늘어 동아리 활동 시간이나 방과 후에 따로 모여 공부하는 아이들도 있다. 그 어렵다는 금융 관련 용어도 척척 설명해 내는, 자타공인 '예비 투자자들'이다.

주식 투자는 언제부턴가 교사들 사이에서도 보편화됐다. 어느 기업의 주식이 오르고 내렸는지는 요즘 교사들끼리 나누는 흔한 대화 주제다. 원칙적으로 교사는 겸직이 금지되어 있지만, 근무 시간만 아니라면 주식 투자를 법적으로 문제 삼긴 어렵다. 국내외 주식 시장에 대한 전망은 어느덧 교사들 사이에서도 필수 교양처럼 여겨지고 있다. 듣자니까, 평소 월급보다 주식 투자를 통해 벌어들인 소득이 더 많은 교사도 드물지 않다고 한다. '교사가 부업'이라는 우스갯소리도 더는 어색하지 않은 현실이다. 그들 중에는 국내외 경기의 변동을 정확히 꿰뚫고 투자처를 해외로까지 넓혀 가는 전문 투자자도 적지 않다. 증권가 애널리스트 못지않은 국어 교사도 있고, 경제 평론가 뺨치는 영어교사도 있다.

이젠 주식을 넘어 부동산 투자에 관련된 지식까지도 아이들에게 필요하다는 말도 심심찮게 들린다. 뭐든 알아야 손해를 보지 않는다는 거다. 학교에서 주식과 부동산 등을 한데 묶어 배우도록 하면 효과적일 거라며 구체적인 교육 방안까지 내놓고 있다. 학교 안팎의 들썩이는 분위기만 봐서는, 머지않아 교육과정 내에 금융 관련 교과가 별도로 개설될 듯도 하다. 설마 그러랴 싶지만, 이러다 국영수에 버금가는 수능 필수 과목이 되지 말란 법도 없다.

학교의 한쪽에서는 아이들의 도박 중독이 우려된다며 예방 교육을 의무화하고, 다른 한쪽에서는 주식과 부동산 투자 관련 교육이 필요하다고 아우성친다. 아무리 도박은 불법이고 주식과 부동산 투자는 합법이라고 해도, '돈 놓고 돈 먹기'라는 점에서는 별반 차이가 없다. 거칠게 말해서, '투자'와 '투기'처럼 둘 사이는 '깻잎 한 장' 차이에 불과하다.

도박 중독 예방 교육이든, 주식과 부동산 투자교육이든, 이를 통해 아이들의 머릿속에 각인되는 건 단 한 가지다. 바로 돈이 인생의 전부라는 것! 돈이 없으면 주위로부터 업신여김당한다는 세태를 자연스럽게 체득하게 되는 것이다. 아이들에게 어떻게 하면 큰돈을 쉽게 벌 수 있는지를 가르치면서 도박은 안 된다고 하면 과연 설득력이 있을까.

아이들에게 학칙을 들이밀어 을러대고 도박 중독의 위험성을 아무리 강조해도, 끊임없이 돈에 대한 욕망을 부추기는 현실에선 백약이 무효일 수밖에 없다. 부모는 '인생 대박'을 꿈꾸며 매주 로또를 사서 긁고, 교사조차 주식과 부동산 시세 분석에 여념이 없는 모습을 보면서, 이젠 열 살도 안 된 초등학생조차 장래 꿈이 뭐냐는 질문에 '돈을 많이 버는 것'이라고 선선히 답한다. 이렇듯 각박한 세태를 되돌리기에 우리 교육은 너무나 무기력하다.

욕망이 커질수록 세상은 망가진다

편안한 노후를 위해 금융교육을 받으라고 권하는 아이 앞에서 다시금 오랜 다짐을 되새기게 된다. 난 지금껏 단 한 번도 로또를 사거나 주식 투자를 해 본 적이 없다. 그리고 굳이 그걸 아이들 앞에서 자랑삼아 이야기한다. 로또로 조성된 종잣돈이 사회복지에 쓰이고, 주식이 경제에 활력을 주는 시장 경제의 최고 발명품이라는 것쯤은 알고 있다. 다만, 교사로서 사행심과 투기 욕망 등이 미래 세대 아이들에게 심어 줄 수 있는 부작용이 적지 않다는 생각에서다.

코흘리개 아이들조차 '돈이 인생의 전부'라고 스스럼없이 말하는 건 징후적이다. 돈에 경도된 물신주의 사회에서 각자도생의 가치관과 개인별 파편화는 당연한 수순이다. 지금 아이들의 머릿속을 지배하고 있는 능력주의 또한 물신주의의 아류일 뿐이다. 한 아이의 책상 위에 놓인 '암호화폐에 투자하라'는 내용의 책 한 권이 눈에 거슬린다. 그는 동서양의 그 어떤 고전보다 삶에 도움이 되는 책이라고 엄지손가락을 치켜세웠다.

우리에겐 시간이 많지 않다. 아이들을 천박한 물신주의

로부터 보호하려면, 당장 우리 교육의 목표부터 수정되어야 한다. 가정과 학교에서의 교육이 '성공'을 향해 앞만 보고 달려가라고 다그치지만, 그 종착역에서 마주하게 될 미래의 현실은 잿빛일 수밖에 없다. 만약 개인의 '성공'이 영원한 물질적 풍요를 바라는 거라면, 이미 그러한 시대는 가고 없다. '성공'하는 개인이 늘어나고 물질적 욕망이 커질수록 세상은 아수라장으로 변하게 될 것이다. 일찍이 인도의 지성 마하트마 간디는 세상 사람들을 향해 경고했다. '지구는 수십억 사람들 모두를 먹여 살릴 수 있지만, 한 사람의 탐욕은 채워 줄 수 없다'라고. 어쩌면 지금 전 세계가 몸살을 앓는 전대미문의 이상 기후 현상들은 지구가 우리에게 보내는 최후의 경고음일지도 모른다. '인류는 지구의 적'이라는 말이 공공연한 요즘, 사람들의 끝 모를 갈증을 채워 주려면 지구가 몇 개라도 모자랄 테다.

요컨대, 돈에 모든 걸 다 거는 요즘 아이들의 모습은 탐욕적 인간을 길러 내어 온 우리 교육의 거울상이다. 가던 길을 멈춰 성찰하고 바루지 않고서는 공동체의 붕괴, 나아가 지구적 환경 파괴가 불가피하다. 물질적 욕망을 절제하고 사회적 공동선을 추구하는 걸 지표로 삼고, 교육의 목표와 교육과정을 재편하는 것이 시급하다. 단언컨대, 지금은 물신주의를 부추길 게 뻔한 금융교육의 필요성을 운운할 때가 아니다. '성공'을 향한 경쟁에 매몰돼 가는 현실 속에 더 늦기 전에 우리는 '행복'의 진정한 의미를 곱씹어 봐야 한다.

'초라한 경제교육'을 위하여

– '세금 내는 아이들' 말고 '복지 급여 받는 아이들'

·
·
·

《오늘의 교육》 2022년 3·4월

하금철

《오늘의 교육》 편집위원,
한국학중앙연구원 박사 수료

《오늘의 교육》편집위원회에서 최근 이른바 '생존경제교육'이라는 이름으로 주식이나 코인 투자에 관한 교육이 유행처럼 번지고 있는 현상에 대해 다뤄 보자는 논의가 있었다. 이 나이에 적금 통장 하나 개설하는 데도 손이 떨리는 나에게 이런 현상은 그저 별나라 이야기처럼 들릴 뿐이었다. 하지만 지구 밖으로 나가야 비로소 지구의 생김을 알아볼 수 있는 것처럼, 문외한의 입장에서 바라볼 때 생경한 현상의 어렴풋한 실루엣이라도 알아차릴 수 있는 것 아닌가 하는 무모한 생각이 들었다. 그래서 일단 회의에서 거론되었던 KBS 파일럿 예능 프로그램 〈자본주의 학교〉를 시청했다.

직접 시청하기 전까지 이 방송의 기획 의도에 불만은 딱히 없었다. "10대들에게 국·영·수 공부가 아닌 진짜 돈 공부를 알려 준다"라는 목표에도 크게 반대하진 않았고, 어린 나이에 미리 주가, 환율, 부동산, 물가 등에 대해 알아 놔서 나쁠 것도 없다고 생각했다. 잠깐 경험담을 말해 보자면, 2008년 미국 서브프라임 금융 위기 당시 나의 아버지는 은행의 권유로 퇴직금 등을 모아 놓은 돈을 펀드 통장에 예치해 두고 있었는데, 주가가 연일 폭락하는 것을 보면서 성급하게 돈을 다 빼 버렸다(그 과정에서 주식·펀드 같은 것은 도박이나 다름없다고 생각한 헛똑똑이 운동권 아들의 호들갑도 한몫했다). 1년쯤 지나고 나서야 안 사실인데, 그렇게 멋모르고 호들갑 떨지 않았다면 아버지는 2000만 원을 날리지 않았어도 됐을 것이다.

10대들이 나 같은 헛똑똑이가 되지 않으려면 어려서부터 금융에 대한 이해력을 높이는 것은 정말 필요한 일이라고 생각한다. 그래서 "고소득 스타의 10대 자녀들이 국내 및 해외 주식 투자 혹은 노점 및 일일 카페 경영을 통해 종잣돈 100만 원을 불려 수익에 따라 승자를 가려 내는" 방식의 예능이 공영 방송의 기본 방향과 어긋난다는 지적 역시 율법 선생의 훈장질 같아서 그다지 호응하고 싶은 마음이 생기질 않는다.[1] 주식 유튜버가 출연하는 예능은 〈자본주의 학교〉 말고도 이미 너무 많은데, 그걸 10대들을 상

---

1 홍성일, "[대중문화 클릭하기] KBS '자본주의 학교'의 교훈", 〈미디어오늘〉, 2022년 2월 13일.

대로 한다고 해서 특별히 더 비난해야 할 이유는 없다고 생각한다. 주식이 담배처럼 유해한 것이라면 금연 캠페인처럼 성인들도 하지 말라고 해야 하지 않을까.

그럼에도 이 방송은 내게 이름 붙이기 애매한 껄끄러운 감정을 남겼다. 그것은 아마도 시기나 질투에 가까울 것이다. 내가 사는 곳보다 더 넓고 게다가 전망도 좋은 집에 중학생 연예인 혼자 자취한다는 꿈같은 설정을 해 놓고는, 용돈을 절약하기 위해 체크 카드를 쓰지 않고 1주일치 용돈을 ATM에서 10만 원씩 뽑아 쓰는 모습을 보여 준다. 심지어 그의 '돈 개념'을 테스트해 보기 위해 나이 지긋한 연예인 선배가 갑자기 전화를 걸어 급전 40만 원을 빌려 달라고 하고, 그는 순순히 계좌 번호를 불러 달라고 답한다. 이건 프로그램이 내걸고 있는 것처럼 '생존경제교육'이 아니라 돈 많은 연예인의 과시욕 시전에 불과한 것이 아닌가. 이걸 보면서 시청자들이 모종의 열패감을 느끼는 것 외에 어떤 생존 경제 기술을 익힐 수 있다는 것인지 납득할 수 없었다.

경제 제일주의의 이상이 실현된 교실

어차피 경제교육의 형식만 갖춘 TV 예능 프로그램이니 웃고 넘어가면 그만인 걸까. 그렇다면 내용도 형식도 모두 경제교육인 경우는 어떠한가. 언론의 많은 주목을 받은 부산의 한 초등학교 교실의 경제교육 현장을 소개하는 기사를 최근 접했다.[2] 이 교실은 '미소'라는 가상의 화폐 단위로 움직이는 가상의 국가이며, 그 안에서 학생들은 숙제를 얼마나 성실히 했는지에 따라 신용 등급을 부여받는다. 또한 신용 등급을 바탕으로 공무원, 경찰, 청소부 등 학급 활동에 필요한 직업을 갖고, '미소'로 2주에 1회씩 봉급을 받는데, 실제 직장인들처럼 소득세, 건강 보험료 등이 원천 징수된다. '선생님의 몸무게' 같은 주식 상품에 투자할 수도 있는데, 명절에는 음식을 많이 먹을 테니 그 전에 주식을 다량 매수하는 전략 투자에도 도전한다. 나아가 여기에는 정부와 국회도 있어 중요한 결정 사항을 학생들이 직접 논의한다. 이러한 수업 현장을 '세금 내는 아이들'이라는 유튜브

---

2 ""미소 화폐로 일기 면제권 사요" 초등학교 교실 속 작은 국가", 〈중앙일보〉, 2020년 7월 4일.

를 통해 꾸준히 소개해 온 해당 담임 교사는 인기 예능 프로그램 〈유퀴즈〉에까지 출연했다.

학생들이 매일 경험하는 교실의 일상을 통해 국가와 사회 제도, 경제 시스템을 간접 경험할 수 있다는 면에서 보자면 이는 민주시민교육의 신선한 모델처럼 보이기도 한다. 그러나 이를 민주시민교육이라고 부르기에는 결정적인 하자가 있다. 이 작은 국가의 대통령은 담임 교사이기 때문이다. 당연히 선거가 있을 리 없다. 이 국가에서 의사 결정 구조는 오직 숙제 노동을 통해 확보한 신용 등급에 따라서만 작동한다. 잘한 일에는 포도알을 붙여 주고 잘못한 일에는 벌점과 체벌을 부과하던 권위주의 통치의 교실에서 순수한 경제 제일주의의 이상이 실현된 교실로의 전환!

이 교실에서 실천되고 있는 경제교육은 분명 〈자본주의 학교〉에 비하면 훨씬 세련되고 건전한 방식인 것 같다. 특히나 내가 〈자본주의 학교〉를 보면서 느꼈던 열패감 같은 것도 여기엔 들어설 틈이 없다. 그야말로 순수한 자본주의 경제 작동 원리를 교실 운영에 접목해 체험하도록 하는 것이기 때문에 현실에서의 빈부 격차가 교실 경제 작동에 영향을 주지 않는다. 그래서 담임 교사 역시 다음과 같이 자신 있게 말한다.

"일단 저희 반은 굉장히 공정한 시스템이거든요. 금수저, 흙수저가 없어요. 똑같은 출발선에서 자기의 노력 여하에 따라서 자산이 쌓이는 거예요. 한 학기 정도 지나면 빈부 격차가 생기거든요. 저는 그거는, 빈부 격차 자체가 나쁜 거라고 단정 지을 수는 없어요. 스스로 돈 관리를 해서 그리고 쓰고 싶은 것도 참아서 그렇게 형성된 빈부 격차는 자연스러운 거고 공정한 결과라고 생각을 하고 아이들에게도 그렇게 이야기를 해요."[3]

부모에게서 받은 용돈을 미소 화폐 단위로 환전해서 쓸 수 없기 때문에 출발선이 같다는 교사의 지적은 맞는 말일 것이다. 이 교실은 외부의 위계질서와 사회적 배경 등의 영향력을 완벽하게 제거하고 학급 구성원을 순수하게 화폐 단위로 '표시'된 인간으로 구현한다. 그렇게 표시된 숫자가

---

3 〈이것이 '진짜' 경제 교육입니다! 옥효진 선생님과의 대화 1화〉, 동아사이언스 유튜브 채널, 2022년 3월 15일.(www.youtube.com/watch?v=I7Vc5kav1U0)

곧 그의 정체성이 된다. 그러나 당연하게도 학생들이 교실 밖으로 나서는 순간, 숫자에 가려져 있던 그의 사회적 배경과 그것에 의해 결정된 빈부 격차가 제 모습을 드러낼 수밖에 없다.

학생들이 선생님이 만들어 준 가상 공간을 벗어나 '진짜 빈부 격차'를 마주했을 때, 이것 역시 '스스로 돈 관리를 하고, 쓰고 싶은 것도 참아서 형성된' 정당한 빈부 격차라고 답해 줘야 할까? 실제 아이들의 '생존'을 결정하는 요소는 물가, 환율, 세금, 투자에 대한 개인의 이해도 수준보다는 바로 이런 순수 경제 논리 외부의 것일 가능성이 높다. 물론 불평등한 경제 구조 앞에서 교육이 할 수 있는 역할은 거의 없거나 있더라도 매우 초라한 것에 불과할 것이다. 나 역시 이 지면을 통해 교육이 불평등한 경제 구조에 저항하는 주체화를 시도해야 한다고까지 주장할 생각은 없다. 오히려 나는 자본주의 경제에 대한 동화 또는 저항이라는 말로 포착될 수 없는, 기존의 '경제교육'이라는 프레임을 통해서는 거의 고려되지 않고 있는 자투리 같은 것을 말하고 싶은 것인지도 모른다. 쉽게 말해서 능동적으로 주식 투자도 할 줄 아는 트렌디한 학생을 키우는 '화려한 경제교육' 말고, '초라한 경제교육'을 하자고 말하고 싶은 것이다. 나는 방금 '불평등한 경제 구조 앞에서 교육이 할 수 있는 역할은 거의 없거나 있더라도 매우 초라한 것에 불과할 것'이라고 말했다. 바로 그 초라한 것을 하자는 말이다.

그래프로는 표현할 수 없는 진짜 리스크

최근 경제 및 금융 리터러시 향상에 대한 욕구가 늘어난 배경에는 더 이상 노동 소득만으로는 부를 축적할 수 없다는 청년 세대의 절망감이 자리 잡고 있다. 성실함만으로는 가난을 벗어날 수 없기에 '영끌'을 해서라도 주식이나 부동산 등에 투자하는 과감함이 필요하다는 인식이 자리 잡은 것이다. 이를 위해 필요한 것이 바로 실제 경제에 대한 지식과 감각인 것이다.

'세금 내는 아이들' 수업은 바로 이 트렌드에 부합하는 것처럼 보인다. 그런데 이 수업은 한 가지 역설적인 효과를 내고 있다. 새로운 경제 트렌드에 맞춰 능동적으로 투자하는 주체가 될 것을 독려하고 있지만, 실상은 가장 전통적인 노동 윤리에 기초하고 있는 것이다. 이 교실의 가장 기본적인 경제 자산인 신용 등급을 결정하는 요소가 바로 '숙제 노동' 수행이기 때문이다. 숙제 노동만큼 성실함과 고지식함이 필요한 일도 없다.

사실 교사도 학생도 모두 알고 있을 것이다. 아무리 자동화된 AI가 세상을 움직이는 시대가 오더라도, 육체노동은 아무런 부가가치도 창출하지 못한다고 잘난 사람들이 떠들어 댄다 하더라도, 우리들 각자의 하루치 생존을 보존하는 무기는 '노동'일 수밖에 없다는 사실을. 학교에서 아무리 AI 시대에 맞는 교육을 한다고 호들갑을 떨어도 어떤 아이들은 교복을 입고 일을 하러 갈 것이다. 간혹 몇몇 아이들은 자신이 노동하지 않으면 가족의 생계가 위태로워질 수도 있을 것이다. 그 과정에서 적지 않은 아이들이 학교를 떠나게 될지도 모르며, 의지와는 상관없이 급여를 떼이거나 해고되는 위기에 내몰리기도 할 것이다.

문제는 이런 위기는 수요-공급 곡선이나 주식 시세 그래프로는 표현되지 않는다는 점이다. 삶에서 진짜 '리스크'는 주식 투자에서처럼 자의적으로 분산시킬 수도 없고, 온몸으로 떠안아야만 한다. 그리고 어떤 위기들은 본질적으로 본인의 성실함과는 아무런 관련이 없기도 하다. 오히려 '워킹 푸어'의 시대에는 가난이 성실함을 부르고 (그 성실함에 짓눌려 능동적인 투자 따위는 생각할 겨를도 없기에) 성실함이 또 가난을 부르는 악순환에 빠지기도 한다.

남편의 정서적 폭력을 피해 아이와 함께 집을 나와 노숙인 쉼터를 전전하다가 남의 집 청소부 일을 하며 살아가는 한 여성의 이야기를 담은 넷플릭스 드라마 〈MAID〉(한국어판 제목은 〈조용한 희망〉)에는 이 악순환을 상징적으로 보여주는 장면들이 자주 등장한다. 주인공이 일을 하기 위해 청소 용품을 사거나 아이 먹을거리를 살 때마다 화면 오른쪽 상단에 표시된 잔고가 실시간으로 사라지고, 점차 0에 가까워지면 숫자가 빨간색으로 깜빡이는 것이다. 빨간색 경고 등은 자신을 반쯤 도둑 취급을 하는 청소 용역 업체 관리자 옆에서도, 온갖 증빙 서류와 자격을 요구하는 사회복지사 옆에서도 깜빡인다. 이 드라마의 모티브가 된 동명의 에세이의 저자 스테퍼니 랜드는 이 상황을 다음의 문장으로 집약한다. "돈이 없어서 가난하게 사는 것은 보호 관찰을 받는 것과 사뭇 비슷해 보였다. 생계 수단이 없다는 것이 내 죄목이었다."[4]

'초라한 경제교육'이 시작되어야 하는 지점이 바로 여

---

4 스테퍼니 랜드, 구계원 옮김(2020), 《조용한 희망 – 진짜 이름을 찾기 위한 찬란한 생존의 기록》, 문학동네, 26쪽.

기다. 교실에 가상의 공간을 만들어 놓고 '굉장히 공정한 시스템'이라는 주문을 외는 것이 아니라, 공정하지 않은 발밑의 현실을 직시하자고 말하는 것. 다만 그것은 홀로 치러야 하는 죗값이 아니며, 아무것도 가지지 못했더라도 다시 일어설 수 있는 권리가 나에게도 있다는 사실을 일깨우는 것. 그리고 그 권리를 행사함에 있어 주저할 필요는 전혀 없으며, 자신 있게 너의 동료를 만들고 그들과 손을 잡으라고 권하는 것. 독자들은 이게 무슨 뜬구름 잡는 소리인가 싶은 생각이 들 것이다. 그래서 이 '초라한 경제교육'의 모범적인 사례 하나를 소개해 보려 한다.

"손녀는 부양 의무자 아니야"

tvN 드라마 〈나의 아저씨〉의 주인공 지안은 낮에는 사무실에서 영수증을 붙이는 파견 노동자로, 밤에는 뷔페에서 접시를 닦는 알바 노동자로 살아가면서 거동을 못 하는 할머니를 혼자 모시고 있다. 우연히 그녀의 속사정을 안 같은 회사 부장 동훈은 어쩌다 혼자 할머니를 모시게 되었는지 묻는다. 지안은 부모님 모두 돌아가시고 할머니의 다른 자식도 없고, 요양원에서는 돈을 못 내 쫓겨났다고 대답한다. 그러자 동훈은 한숨을 내뱉으며 말한다.

"손녀는 부양 의무자 아니야. 자식 없고 장애 있으면 무료로 들어갈 수 있는데, 왜 돈을 못 내서 쫓겨나? 아, 혹시 할머니랑 주소지 같이 되어 있냐? 하……. 주소지 분리해. 같이 사는 데다가 네가 소득이 잡히니까 혜택을 못 받는 거 아니야. 주소지 분리하고 장기 요양 등급 신청해. 그런 거 가르쳐 주는 사람도 없었냐?"

지안이 '세금 내는 아이들' 수업을 들었다면 이걸 알 수 있었을까? 아마도 아닐 것이다. 그 수업은 '세금 내는 아이들'이지 '복지 급여 받는 아이들'이 아니다. 요즘 초등학교에서 기초 생활 수급자는 '기생수'라는 약칭으로 불린다는데, 어감상 '기생충'을 떠올리게 한다. 그럴진대 학교에서 '기생수' 되는 법을 가르친다? 학부모들이 항의 시위를 하고도 남을 일이다.

하지만 진짜 '생존경제교육'은 이런 것이 아닐까? 생존의 위기에 내몰렸을 때 기꺼이 자신의 어깨에 놓인 무거운 짐을 사회가 함께 덜어 달라고 청하는 법을 배우는 것, 이것은 마치 불이 났을 때 119에 전화해야 한다는 것처럼 기초적인 상식이 되어야 하지 않을까? 여기에 어떠한 죄책감이나 수치심도 끼어들지 못하도록 방어하는 것이 학교의 역할이 되어야 한다. 그리고 기꺼이 '기생수' 되는 법도 가르쳐 주는 곳이 되어야 한다.

이걸 하기 위해서 교실 안에 가상의 공간을 만들 필요도 없다. 지금 아이들의 삶이 곧 실전이다.

지금의 경제교육 논의가
놓치고 있는 것

– 금융, 투자가 아닌 경제시민교육을 위해

.
.
.

《오늘의 교육》 2022년 3·4월

진냥(희진)

《오늘의 교육》 편집위원,
경남 지역 초등 교사

말 그대로 투자 광풍이 우리 사회를 휩쓸고 갔다. 대선으로 사회적 이슈가 집중되면서 선거 이후에 달라질 시장 동향을 일단 봐야 한다는 심리가 대세를 이루어 조금 진정되었지만, 2021년의 한국 사회는 투자 열기로 뜨거웠다. 이전과 달리 특정한 투자 영역에 국한된 이야기도 아니었다. 주식이면 주식, 부동산이면 부동산, 코인, 금, 난, 소, 음악 저작권 등 마치 전 국민이 뭐가 됐든 간에 투자를 하고 있고, 해야 하는 것만 같은 사회적 분위기가 느껴졌다. 투자를 안 하면 마치 어리석거나 세상 물정을 모르는 사람처럼 보였다. 투자할 돈이 없다는 건 문제가 아니었다. '영끌'이라는 말이 상징하듯 영혼까지 끌어모아 받은 대출금으로 사람들은 투자를 감행했다.

투자가 일반화되면서 어린이와 청소년의 금융 투자에 대한 관심도 높아졌다. 금융감독원에서는 2020년에 신규 개설된 비성년 소유 주식 계좌는 2019년 대비 5배가 넘는다고 발표했다. 온 미디어를 통째 흔든 〈스트릿댄스 걸스 파이터)의 우승 상품은 상금과 더불어 10대를 타깃으로 하는 금융 상품의 광고 계약이었다. S-MAT 같은 금융 자격증에 대한 청소년층의 관심도 커졌는데, 이에 관해 한국증권개발원 대표는 청소년 금융교육을 활성화하기 위해 노력하겠다며 "자본 시장을 희망의 미래로 이끌 인재를 양성하겠다"라고 밝히기도 했다.[1] 왜 굳이 청소년들이 희망의 미래를, 더구나 자본 시장을 통해 만들어야 하는지 모르겠다만.

개인을 지우는 언어

자본주의에서는 큰 자본을 굴릴수록 더 많은 이윤을 만들어 내기에 돈을 많이 벌기 위해서는 굴릴 수 있는 돈이 많아야 한다. 뿐만 아니라 전 세계적으로 높은 소비 수준을 가진 한국에서 집이나 자동차 같은 큼직큼직한 소비재의 가격은 '돈'이 아니라 '자본'의 수준이 된 지 오래다. 그래서 많은 사람들은 돈을 모으거나 빌려서 자본을 만든다.

---

1 "청소년 주식 투자 늘면서… 잇따라 금융 자격증 응시생도 증가", 〈매일경제〉, 2022년 2월 28일.

'시드 머니' 운운하지만 결국 그것은 자본주의 체제 안에서 이윤율 또는 가능성을 높일 수 있는 자본을 만드는 과정이다. 모두가 자본가가 되어야 하는 시대, 대체 자본가가 누구이고 어느 정도의 자본 소유까지가 소시민인지 혼란스러운 시대다.

이 혼란에는 이 모든 말들이 누구의 입장에서의 언어인가 하는 문제도 있다. '영끌 투자' 광풍을 자꾸 투자, 투자하는데 사실 그렇게만 불러선 안 된다. 투자는 그 돈을 받는 기업의 입장, 자본가의 입장이 더 반영된 말이다. 개인의 입장, 금융 소비자 혹은 경제 시민의 입장에서 보자면 그것은 대출이다. 개인이 집을 구입할 때 은행이 대출해 주는 것도 정부의 지침 때문이지 은행이 개인의 사정을 이해하여 투자하고 리스크를 함께 감당하려는 게 아니다. 투자자와 달리 수익률이 낮다고 해서 자금 회수를 늦추거나 적게 하지도 않는다.

대출은 별도의 계약이고 영끌 투자자는 동시에 '영끌 부채자'라고 부르는 게 정확한 표현이다. 부채를 투자라고 호명하는 것은 경제 활동에 따르는 리스크를 개인이 모두 감당하고 있다는 현실을 보지 못하게 한다.

'빚짐'을 가르치지 않는 경제교육

내 어머니는 부대찌개를 파는 음식점을 한다. 혼자 하는 가게라 시류에 맞지 않게 배달도 하지 않는다. 공단 지역에 있어 점심 장사 중심이라 그러기도 했다. 그런데 공장들이 직영 식당을 만들자 주변 상권이 죽어 갔고 엄마의 가게도 손님이 급속히 줄었다. 반면, 시간이 지날수록 가게의 시설은 낡아 갔다. 인테리어든 간판이든 새 냉동고든 자금이 필요했고 엄마는 나의 사촌에게 연락했다.

사촌이 가게에 들른 날을 떠올리면 엄마는 아직도 부들부들 떨며 화를 낸다. 그는 매상은 어떻고 가게에 설비들은 무엇이 있는지, 주요 고객층은 누구고 어떤 경영 전략을 가지고 있는지 꼬치꼬치 캐묻고 가게를 한참 둘러보고 갔다고 했다. 그 과정이 엄마에게는 너무 모욕적이었던 것이다. 엄마는 내가 돈을 빌려달라고 했지, 무슨 지한테 투자를 하라고 했냐며, 대출 업체도 안 그러겠다고 화를 냈다.

아마 사촌은 자신이 돈을 빌려주니 갚을 만한 능력이 있는지 따져 보고 싶었을 것이다. 반면 엄마는 친척끼리 어려울 때 좀 도와달라는 의미의 요청이었을 것이다. 그랬던 적이 있었다. 아는 사람에게 돈을 빌려주려면 받지 못해도 괜

찮다는 마음으로 빌려주라는 말이 일반적으로 쓰였던 때가. 이제는 아는 사람끼리는 돈 빌려주는 거 아니라는 말이 더 일반적이다. TV 광고에서도 아는 사람에게 돈 빌리려고 전화하기보다는 더 편리한 모바일 대출을 받으라고 말한다. 사람에게 빚지는 것보다 더 높은 이자율을 요구하는 기업에 빚지는 것이 더 현명하고 세련되다는 광고다. 돈을 빌려서 투자하는 게 당연하지만 또 한편으로 돈을 빌려야 하는 걸 구질구질하게 드러내지 말라는 세상의 주문이기도 하다.

하지만 돈을 빌려주고 빌리던 유래는 본래 상부상조였다. 결혼이나 장례 등 혼자 또는 한 가정이 마련하기 어려운 규모의 자본이 필요한 상황에서 우리는 서로 돈을 보태어 왔다. 그건 여러 사람이 조금씩 돈을 빌려주는 것이나 다름없었다. 돈을 보태는 사람은 다음에 상대방이 도와줄 것이라는 신뢰를 가지고 있었고, 돈을 받는 사람은 자신의 '빚짐'을 기억하고 살았다. 그러나 지금 결혼이나 장례에서 오가는 부조금은 상호 간의 빚짐을 통해 서로의 삶을 응원하고 함께 떠받치는 것이 아니라 축하, 미안함, 위로 같은 감정을 돈으로 대신하는 행위가 되었다.

'빚짐'은 경제에서의 관계성이자 연대다. 그 누구도 자신의 힘만으로 온 생애를 살아갈 수 없기에 모든 사람은 빚질 수밖에 없다. 그래서 빚짐은 비정상적이거나 부끄러운 일이 아니다. 오히려 보편적인 생애 주기에 가깝다. 그러나 우리는 스스로 살아갈 능력이 없는 것은 부끄러운 일, 심지어 다른 사람에게 피해를 주는 나쁜 일이라고 오랫동안 말하고 배워 왔다. 그 과정에서 우리는 아무에게도 빚지지 않고 혼자만의 능력으로 살 수 있어야 사회에서 생존할 수 있다는 위기감과 불안감을 학습하고 있다. 투자 광풍 속에서 그 위기감은 더 커져, 투자하지 않으면 도태될 것이라는 협박처럼 들리기도 한다. 그 과정에서 이득을 보는 것은 금융 자본들이다. 이 위기감을 해결하기 위한 방법은 무엇일까? 모두가 투자의 귀재가 되는 것일까? 모두가 알다시피 투자는 항상 리스크를 안고 있다. 아무리 투자에 뛰어난 사람이라도 항상 성공할 수는 없다. 결국 우리는 모두 불행할 수밖에 없는가.

사회는 그리고 교육은 사람이 보다 행복하게 살기 위해 발전해 온 제도다. 그래서 교육은 위기감에 기대기보다 효능감에 기대야 하고, 협박보다는 지원과 촉진에 기반해야 한다. 그런데 금융, 대출, 돈에 대해서는 우리 사회 어디에서도 이런 식으로 접근하지 않는다. 과거로부터 내려온 교훈을 찾아봐도 보증 서지 말라거나 대출은 하면 안 된다는 정도가 전부다. 이슬람교에서는 돈을 빌려주더라도 이자는 받으면 안 된다는 교리가 있다고 한다. 돈은 필요해질 때가 있으니 서로 빌려주고 빌릴 수 있지만, 이자는 신의 소유인 시간에 따라 주어지는 이윤이기 때문에 취할 수 없다는 것이다. 그래서 2000년대 미국발 금융 위기에서 이슬람계 금융사들은 타격을 덜 받았다는 이야기를 들으며, '경제 활동은 어떤 방향, 즉 가치에 따른 자원의 배분이고, 그렇다면 대출에서도 가치와 윤리가 있어야 할 텐데 우리 사회에는 그런 것이 존재할까?' 하는 생각을 한 적이 있다.

드라마 〈슬기로운 감빵생활〉에는 어머니의 수술비를 위해 저축 은행에서 대출을 받았다가 돈을 갚지 못해 감옥에 온 '법자'가 등장한다. 돈을 갚지 못해서 인신의 구속을 당하는 것이 정당한 조치인가? 부채의 공소 시효는 언제까지 인정되어야 할까? 지인 간에 무이자로 이루어진 부채가 아닌 이상, 돈을 빌려주는 사람은 돈을 빌리는 사람 때문에 이윤을 남긴다. 그런데 왜 돈을 빌린 사람이 을이 되고 돈을 빌려준 사람이 갑이 되는 건가? 이런 질문들은 경제교육이 아니라 도덕의 영역에 속할지도 모르겠다. 하지만 어떤 이름으로든 필요한 고민이고, 고민할 계기가 주어져야 하지 않을까. 경제교육 중에 금융교육만 이야기한다고 하더라도, 금융교육을 '투자법 트레이닝'으로만 이해하는 것은 너무 조야하다. 금융을 삶에서 어떻게 여기고 다루며 접근해야 할지에 대한 교육이 필요하다. 더불어, 금융 역시 사람 간에 이루어지는 것이기에 이 글에서 '빚짐'이라고 표현한, 돈을 둘러싼 관계성 역시 교육에서 반드시 고려되어야 할 것이다.

경제 시민으로서 대우하는 교육

내가 예전에 근무했던 학교에서는 해마다 프레젠테이션 자료를 만들어 법정 이자율 교육을 했다. 학생들이 서로 돈을 빌려주고 이자를 붙여 돌려받는 일이 잦았는데 그 이자가 너무 커서 문제가 되었기 때문이다. 처음 이 문제를 알게 되었을 때 접한 사례는 1만 원이 좀 넘는 금액을 빌렸는데 갚지 못하다가 점점 금액이 늘어나 30만 원이 넘는 돈을 갚으라고 요구받고 있어서 학교폭력으로 신고된 경우였다. 그래서 학년 교사들이 모여 회의를 한 후 전체 학생을 대상으로 교육을 하기로 했다.

첫째 내용은 '안정적인 수입이 없기 때문에 책임지기 어려우니 되도록 학생 간에 돈 거래는 하지 않는 것이 좋겠다'였다. 하지만 학생들은 돈을 서로 빌리고 빌릴 수밖에 없다. 학원을 다니든 친구들과 놀든 보통 저녁 시간까지 바깥에 있는 학생들은 저녁 식사를 사 먹게 되고 그때 돈이 없다고 해서 굶을 수는 없으니까. 혹은 같이 먹으면 이번엔 내가 사고 다음번에는 네가 사라는 식의 약속이 생길 수밖에 없으니 말이다.

그래서 둘째로, 친구 간에 돈을 빌려주더라도 이자는 받지 않도록 하자고 했다. 그런데 이때 이유로 들 수 있는 논리가 별로 없었다. 다들 그렇게 하는데 왜 어린이들은 이자를 받으면 안 되나? 친구 사이라서? 요즘은 친구 사이에도 이자를 받는 경우가 더 많다. 결국 이야기할 수 있는 근거는 법이었다. 돈을 빌려주고 이자를 받아 수입을 얻는 것은 대부업으로 등록한 사람들이 하는 일이고, 친구들끼리 서로 우정으로 이루어지는 돈 거래에서는 이자를 받지 말자는 설명을 하기로 했다.

셋째로 지금 이루어지고 있는 학생 간 금융 거래가 불법임을 알려야 했다. 그래서 등장한 것이 법정 이자율. 당시 법정 최고 이자율은 20% 중반대(지금은 20%)였다. 2만 원도 안 되는 돈을 30만 원으로 돌려받겠다는 것은 법에서 정한 이자율 이상이고, 이것은 불법 행위라는 것을 학생들에게 수업했다. 아마 이게 학생들 앞에서 내가 가장 노골적으로 돈 이야기를 한 경험일 것이다.

그러나 나중에 아쉬움이 들었다. "이게 법이야, 법! 어기면 안 돼!"라는 방식 말고 다른 접근을 왜 떠올리지 못했을까. 왜 나는 돈을 빌려주는 대가로 얻는 소득, 즉 금융 소득의 한계가 어느 정도여야 정당한지에 대해 학생들과 토론해 보지 않았을까. 개인이 은행에 저금했을 때 연 1~2%의 이자를 받는 것에 비해 금융 기관은 그 10배가 넘는 이자를 받는 것에 대해서 왜 학생들과 이야기 나누어 보지 않았을까. 규칙을 통보하는 것이 아니라 학생들로 하여금 자신의 의사를 결정하고 사회의 경제 활동과 의사 결정에서 자신의 목소리를 낼 수 있도록, 그러니까 경제 시민으로서 자신의 시민권을 행사할 수 있도록 제안하지 않은 나 자신에게 교사로서 너무 큰 아쉬움이 들었다.

정치교육에서 학생들이 학생이자 유권자이며 곧 시민이듯, 경제교육에서도 학생들은 경제 시민이다. 즉, 경제교육에서 학생들은 시민으로서 대우받을 수 있어야 한다. 경제라는 사회 영역에서 자신이 누릴 수 있는 권리가 무엇이며,

옳지 않다고 생각되는 부분에 어떻게 개입하여 자신의 주권을 행사할 수 있는지를 배우고 실제로 권리 행사의 경험을 보장받아야 한다. 때문에 경제교육은 적어도 다음의 네 가지를 포함하여야 한다.

먼저, 경제교육은 경제 시민인 학생들에게 기본적인 정보를 제공하여야 한다. 경제학과 관련된 개념들만을 가리키는 것이 아니다. 학생들은 시민으로서, 소비자로서 이미 많은 조세를 납부하고 있다. 따라서 세금이 어디에 어느 정도 어떻게 쓰이는지에 대한 적극적인 안내를 받을 권리가 있다. 공공 기관과 사기업, 그리고 시민사회단체의 재정 운용이 어떻게 다르며, 그래서 그 각각에게 우리는 어떤 종류의 경제 윤리를 어느 정도로 요구하여야 하는가에 대한 지식과 감각을 학생들은 경제교육을 통해 가질 수 있어야 한다.

2020년, 윤미향 국회의원과 '일본군성노예제 문제 해결을 위한 정의기억연대' 및 '한국정신대문제대책협의회'를 둘러싼 회계 의혹이 연일 보도될 때, 우리 사회에 재단과 후원, 모금, 당사자 개인 지원, 사업비 등에 대한 개념을 분명히 알지 못하는 사람들이 많음이 드러났다. 사람들은 보도를 보면서 판단하려 했으나 그 판단의 기준을 가지지 못해 가짜 뉴스에 쉽게 설득되거나 혹은 감정에 기댄 판단을 하기도 했다. 2022년 대선에서도 성인지 예산이 31조니 40조니 하는 가짜 뉴스가 얼마나 많은 사람을 설득해 냈는지를 떠올려 보자. 정치적 실천은 알고 판단하는 것을 전제하며, 따라서 알 권리는 모든 정치권의 바탕이다. 성인지 예산에 대한 가짜 뉴스 논란은 현재의 경제교육이 국민들의 시민권을 존중하지 않은 결과이기도 하다.

둘째, 경제교육은 일종의 합의 과정이어야 한다. 교육은 새로운 사회 구성원인 후발 세대에게 현재 사회를 구성하고 있는 규칙들을 안내하고 허락을 구해 체제의 정당성을 재생산하는 과정이다. 후발 세대가 현재의 체제를 배우지 못하면 사회의 구성원으로서 자신의 자리를 찾을 가능성이 낮아지지만, 또 한편으로 후발 세대가 현재의 체제를 인정하지 않는다면 체제는 유지될 수 없다. 때문에 교육은 기본적으로 설득과 합의의 과정이다. 그렇다면 경제교육은 어떠한 정당성을 재생산해 내고 어떠한 합의를 만들어 내야 하는가? 경제를 둘러싸고 발생하고 있는 갈등들, 이를테면 전반적인 조세 저항, 상속세나 재산세에 관한 논쟁, 이전 소득 등의 복지 제도, 건강 보험과 국민연금 제도의 필요성, 기본소득 등에 관한 논의에 보다 많은 사람을 초대하기 위해서는, 경제교육이 쟁점들에 대한 공공의 합의를 만들어 내는 기능을 하여야 한다. 교육이 사회적 갈등을 조정하고 공공의 합의를 형성해 나가는 사례는 수도 없이 많다. 경제교육 역시 다르지 않다.

셋째, 사회가 뭘 해 줄 수 있고 무엇을 할 수 없는지를 안내하는 경제교육이어야 한다. 파업은 노동자의 권리이고 1인 시위는 모든 국민의 권리라는 것을 지금의 학교에서는 가르친다. 그러나 경제에서는 자유롭게 선택하고 경쟁할 권리 외에 별다른 권리를 가르치지 않는다. 나는 아직도 여러 교·사대생 및 교·사대 지원자들로부터 가족의 부채가 너무 많거나 부모가 파산하거나 했을 때도 교사 임용이 가능한지에 대한 질문을 받는다. 당연히 아무 상관없는 일이다. 한국 사회의 거의 모든 영역에서 연좌제는 폐지되었지만 여전히 가족은 경제 공동체이고 사람들은 가족의 경제 활동으로 인해 자신이 받을 위험에 대해 어느 만큼 사회가 자신을 보호하는지 종종 알지 못한다. 특히 개인 회생과 개인 파산 제도, 기초 생계 급여와 교육 급여, 아동 수당 등은 반드시 경제교육에 포함되어야 하는 내용들이다. 학생인권조례에 빠지지 않아야 할 '임신 또는 출산에 의해 차별받지 않을 권리'를 경제교육 측면에서 해석한다면, 아동 수당을 신청하고 받을 수 있도록 하는 교육이 모든 학생에게 제공되는 것을 포함할 수 있다.

뿐만 아니라 일부 청소년들은 가족의 학대나 빈곤으로부터 벗어나기 위해 열심히 노동하여 번 돈을 미성년자라는 이유로 친권자들에게 강탈당한다. 빈손으로 길바닥에 쫓겨나거나 가족으로부터 대출을 강요당하는 청소년들도 제법 많다. 부모가 사망했을 때 상속 포기를 해야만 부채 승계가 되지 않는 것을 몰라서, 혹은 알았지만 할 수 없어서 빚더미에 올라앉는 사람도 많다. 최근 이런 상황에 처한 사람을 지원하는 단체도 만들어졌으나 청소년 혹은 20대 초반의 사람들은 경제적 권리를 상당 부분 제한받고 정보 역시 얻기 어렵다. 때문에 개인 회생과 개인 파산, 한정 승인 등에 대한 내용 역시 경제교육에 포함되어 제공되어야 한다. 이것은 사회복지 제도와 사회 안전망에 대한 안내이자, 가정 내 아동학대 예방 교육이며, 동시에 가족으로부터 보호받을 수 없는 청소년을 사회와 교육이 책임지는 방식의 일부이기도 하다.

더불어 경제교육은 노동을 가르쳐야 한다. 노동(인권)교육과 경제교육이 분리되어 따로 이야기되고 있는 것 자체가 아이러니이기도 하다. 금융 자본주의가 고도로 발달

했다 하더라도 금융 자본이 투자될 실물 경제가 한계치 이상 무너지면 결국 경제는 무너질 수밖에 없다. 부가 가치의 생산은 실물 경제, 곧 노동을 기반으로 한다. 실제로 부가 만들어지는 과정을 멸시하면서 부자가 되길 꿈꾸는 것은 디디고 선 바닥을 스스로 무너뜨리는 것과 다르지 않다. '노동자도 존중받아야 한다는 교육'도 이제는 지양할 때가 되었다. 수억 원대 연봉을 받는 펀드 매니저도 자기 자신과 다른 사람을 돌보는 노동을 해야 하는 노동자다. 노동자도 존중받는 세상이 아니라, 모든 사람이 각자의 자리에서 노동하는 노동자로서 자기 자신을 존중하며 생산, 돌봄, 재생산, 서비스, 지식, 문화, 예술 등 다양한 노동 간의 연계성을 제시하고 경험하게 하는 경제교육이 필요하다. 고도로 발전된 자본주의는 금융 자본이 중심이 될 수밖에 없다는 말이 맞다 하더라도, 금융 자본의 경제와 다른 영역의 경제들이 분리될 순 없다. 경제 활동은 하나의 사회 안에서 서로 관계 맺고 통합되어 유기적으로 움직이는 것이고 경제교육은 그 유기적 관계에 기여할 수 있어야 한다.

그럼에도 영끌 투자 광풍에 기대하는 것

폴 윌리스는 1977년 《학교와 계급재생산》에서 노동자 계급의 자녀들이 반학교 문화를 보이는 이유 중 하나를, 이들이 하고 있는 '간파'로 분석했다.[2] 학교 체제에 저항하는 학생들의 행동은 학교교육이 자신들의 삶을 변화시킬 수 없음을 간파하고 있기 때문이라는 것이었다. 초등 교사인 나 역시 학생들이 이 세상을 간파하고 있는 것을 종종 느낀다. 어린이들 역시 세계의 본질을 마주하며 삶을 살아가기 때문일 것이다. 나는 경제적으로 부유하지 않은 어린이들을 만나고 있고 가끔 만나는 전학생들은 다른 지역에서 경제적 안정을 획득하는 데 실패해서, 상대적으로 제조업 공장과 일자리들이 더 있는 창원으로 이주한 가정의 자녀들이 대부분이다. 그래서 첫돌 때부터 주식 투자 계좌를 만들고 초등학교 때 이미 스스로 투자가가 되는 어린이들과 달리, 내가 만나는 학생들은 대출을 끔찍하거나 '완전 망하는' 일로 생각하기도 하고, 뭔가에 자신들이 투자

---

2 폴 윌리스, 김찬호·김영훈 옮김(2004), 《학교와 계급재생산 – 반학교문화, 일상, 저항》, 이매진.

를 할 수 있을 것이라는, 그러니까 자신이 금융 자본 투자자가 되는 상상조차 못하는 사람들이기도 하다. 그래서 이 영끌 투자 광풍에 대해 학생들에게 설명할 말이 빈곤하다. 자신이 살고 있는 세상이 자신의 삶과 본질적으로 달라지고 있다는 말을 어린이들이 이해하는 과정은 어렵고 난처하고 부끄러움을 느끼게 하는 일이다.

그러나 그런 고민 중에 남은 하나의 기대도 있다. 나는 이 영끌 투자 광풍이, 학생들에게 부가 능력이나 그 사람의 본질과 관련이 없다는 배움을 남기길 바란다. 경제적으로 가난해지는 것도, 혹은 소위 '대박'이 나서 얻게 되는 큰 수익도 그저 운에 따른 것임을 깨닫고, 자신의 존재 또는 자존감과 관련짓지 않을 수 있길 바란다. 더불어 누군가의 크나큰 부가 요행으로 얻기엔 너무 부당할 수 있다는 것 역시 지적할 수 있게 되길 바란다. 그래서 스스로도, 다른 사람도 영혼을 끌어모으지 않고 살자고 나와 함께 이야기할 수 있길 바란다.

2부

자본주의 교육이 아닌
다른 경제교육은
가능한가

자본주의 교육을 넘어선
경제교육은 가능한가

- 생태와 돌봄의 대안적 경제교육을 상상하다

●
●
●

《오늘의 교육》 2022년 3·4월

채효정
《오늘의 교육》 편집위원장,
경희대 후마니타스칼리지 해고 강사

어렸을 때, '부루마블'이라는 게임이 엄청난 인기를 끌었다. 하루는 사촌이 그 게임을 사서 우리 집에 들고 왔다. 골목에서 고무줄놀이나 오징어게임을 하고 놀던 시절이다. 부루마블 게임은 새로운 세계였다. 부루마블 게임이 생기고 나서 한동안은 해가 질 때까지 밖에서 놀던 어린이들이 방에 모여 앉아 해 지는 줄도 모르고 게임을 했다. 그러던 어느 날, 아버지가 갑자기 방문을 열었다. "울 애기들 뭐 하고 노냐?" 하고 다정한 목소리로 다가온 아버지는 게임판과 돈다발을 보고는 당황해서 "아니, 이게 대체 다 뭐냐, 무슨 짓이냐" 하며 갑자기 화를 버럭 냈다. 우리도 아버지도 다 같이 놀랐다.

아버지는 나중에 설명하기를, 작은 부엌방에서 애들이 옹기종기 모여 사이좋게 노는 모습이 귀여워서 들여다보니까, 무슨 게임 판에 주사위를 굴리고 있는데 옆에는 가짜 돈이 쌓여 있고, 돈을 주고받고, 무슨 땅을 사고, 건물을 팔고 하는 소리가 나오는데 가슴이 철렁하더라고 했다. 내가 "아부

지가 생각하는 그런 거 아니야, 그냥 게임이야" 하고 말했지
만, 아버지는 납득하지 않았다. 그런 놀이일랑 다시는 하지
말라고 했다. 그런 돈벌이는 나쁜 거라고. 그 시절 종종 아
버지는 돈은 더러운 거라는 이야길 하고는 했다. 아버지는
장사를 시작해서 '개도 안 물어간다'는 장사치 돈을 만지고
있을 때였다. 그때 그런 항변을 했던 것 같다. "우리도 알아
야 하잖아!" 하지만 아버지는 끝까지 완고했다. "알 때 알더
라도, 어린 너희들이 지금부터 미리 알 필요는 없는 거다."

사리사욕과 불로 소득이 잘못이던 시대를 지나

　땅 투기나 집 투기가 죄악시되던 때가 있었다. 뉴스에는
가끔 '일망타진', '일제 소탕' 같은 문구와 함께 복부인, 도
박범, 땅 투기꾼 일당이 무슨 폭력 범죄 조직처럼 줄줄이
묶여 끌려가는 장면이 나오기도 했다. 일반 사람들에게 은
행은 저금하는 곳이고, 돈은 친척이나 이웃, 친구한테 빌
렸다. 신용은 평가 회사가 아니라 사람과의 관계 속에 쌓아
야 하는 것이었다. 담보를 잡고 이자를 노리는 사채업, 대
부업은 불법이고 범죄였으며, 타락이고 퇴폐였다. 도박이나

사기처럼 손가락질받는 일이었다. 군부 독재는 금융을 통제하고 자본에 대해서도 독재 권력을 행사했다. 대부업자는 '사회 정화'의 대상이었다.

하지만 군부가 시장을 억압한 건 민중을 위해서가 아니었다. 어디까지나 자신들의 권력 유지를 위해 정치 자금을 통제하고 공포를 통해 복종시킬 목적으로 이용한 것이었다. 경제 범죄는 국민들이 억압된 삶에 대한 불만을 정치가 아니라 경제에 대해서, 구조가 아니라 특정 개인을 향해서 터뜨리도록 만들고, 권력과 유착하고 있지만 잠재적 위협이 될 수 있는 다른 권력들, 재벌이나 관료 집단을 통제하는 데도 이용됐다. '사회의 좀벌레'를 박멸하려면 더 강력한 통치 권력이 필요하다는 논리를 정당화하기 위해.

반공을 국시로 삼아 외부의 적을 통해 내부를 통제했던 군부는 '사회적 악마'가 필요할 때마다 욕하고 손가락질할 내부의 적을 만들었던 것이다. 하지만 독재에 충성하고 알아서 복종하는 큰손들은 뇌물로 무탈했다. 은행 문턱이 높았던 평범한 서민들이 급전을 융통하던 사채업자나 계 조직들이 수사망에 걸려 일망타진되곤 했다. 당시 경제 사범에는 실정법 위반 혐의 외에도 '미풍양속을 해친다', '사리사욕을 탐한다'라는 도덕적 단죄가 따라붙었다.

아버지는 대출은 곧 빚이라고 여기는 분이었고, 불로 소득은 크건 작건 비윤리적이고 반사회적이라는 노동 윤리의 소유자였다. 내가 서울에 대학을 가게 됐을 때, 서울 사는 친척이 지금 서울에 아파트를 사 두면 나중에 큰돈을 벌 것이라고 아버지에게 이 기회에 집을 사라 권했다. 아버지가 아이 셋 키우느라 그만큼 저축해 놓은 게 없다고 하자, 친척이 웃으면서 수중에 있는 돈으로 집 사는 사람이 어딨냐고 했다. "은행에서 대출을 받으셔야죠!" 아버지는 수중에 돈이 없는데 남의 돈으로 집을 사라고 권하는 그 친척을 마뜩잖게 여기며, 나한테도 그런 소리 일절 귀담아 듣지 말라고 당부했다. "사채든 은행이든 빚은 빚이다. 빚이 있으면 악착같이 갚으면서 살아야지, 없는 빚을 내라는 건 말이 안 된다." 어떻게 보면 그 시대의 일반 서민들에게 빚이란 가난과 무능의 표상이었고 부끄러움이었으며, 동시에 부자들의 도덕적 해이를 나타내는 상징과 같은 것이었다. 아버지는 그런 시대정신을 충실하게 반영해 살아온 사람이었다.

하지만 그런 시대는 곧 막을 내렸다. 은행의 주 업무는 여신이 아니라 대출이 되었고, 새 밀레니엄 시대의 은행들은 공격적으로 대출을 권하고 담보를 잡았다. 은행은 주식 투자, 펀드, 자산 관리 등을 하는 복합 금융 기업으로 변모했고, 실물 경제에 자금을 조달하는 보조적 위치에서 독립적인 금융 산업 기업으로 성장했다. 부채가 곧 자산이고 능력인 시대가 도래했다. 투기라 부르던 행위는 합법화되어 어엿한 '투자' 행위가 됐고, 전 국민에게 대출을 권하는 사회가 도래했다.

카드 시장을 둘러싼 금융 자본의 결투가 벌어지던 2000년대 초반, 한 카드 회사가 만들어 낸 "부자 되세요"는 전 국민의 덕담이 됐다. 경제 발전의 동력은 '산업 역군'에서 '금융 투자자'로 바뀌었다. 혁신 경제론은 노동 가치설을 뒤집었다. 신경제의 성장 동력은 노동이 아니라 자본이었다. 벤처 투자 열풍이 불면서 1970~1980년대 개발 경제 시대의 미나리밭 땅 부자들을 이어 벤처 사장들이 졸부 대열에 합류했다. 미풍양속의 가치도 완전히 전도됐다. 불로소득은 이제 도덕적 지탄의 대상이 아니라 선망의 대상이되었다. IMF에 의한 폭력적인 구조 조정으로 거대한 사회적 충격 속에서 산업 자본주의에서 본격적인 금융 자본주의로 급속도로 이행한 한국 사회는, 이행에 대한 자기 객관화와 사회적 집단 성찰의 과정을 제대로 밟아 가지 못했다.

자본주의와 경제에 대한 이해는 필요하지만……

신자유주의와 금융 자본주의의 본격 이행기가 독재 종식과 민주화 시기와 겹치면서, 우리는 '민주화'와 '시장 자유화'를 종종 혼동했다. 1980년대 말 동유럽에서 시민들의 민주화 투쟁은 관료제 해체와 사회주의 민주화의 길로, 더 급진적인 개혁으로 나아가지 못한 채 서구 자본 및 그와 결탁한 내부 엘리트들에 의해 시장 자유화로 봉합되었고 '자본주의화'로 변질되어 좌절되었는데, 한국에서도 비슷한 양상이 펼쳐졌다. 독재의 경험은 관치와 계획 경제를 절대 악으로 여기게 만들었고, 민영화(사유화)와 자유화를 민주화처럼 착각하게 만들었다. 그 과정에서 독재 정권의 자본과 기업에 대한 통제는 민주적 통제로 전환되지 못했다. 오히려 국가적 규제를 약화하고 시장에 절대적 자유를 부여하는 것으로 귀결되었다. 그리하여 눈에 보이는 정치 제도의 민주화와 달리 경제 민주화는 제대로 시작되지도 못한 채 '권력을 시장으로 넘겨' 주고 말았던 것이다.

냉전 종식 후 1990년대 초반까지 자본주의 주류 경제학에 대한 비판과 견제 기능을 했던 마르크스주의 정치경제학이 퇴조하면서 상황은 더욱 나빠졌다. 대학을 중심으로

한 반자본주의 경제학의 이론과 사상의 공급처는 점점 줄어들었고, 인문사회과학을 축소하는 대학 정책 속에서 경제 담론의 주도권은 기업 연구소와 NGO 등이 주도하는 시장으로 넘어갔다. 민간 단체도 자본주의에 대한 비판적 기능을 어느 정도는 수행했지만, 협동조합이나 공정 무역 같은 방식으로 인정 자본주의나 자선 자본주의류의 '착한 자본주의'를 '야수적 자본주의'의 대립항에 놓는 정도에 그쳤을 뿐, 자본주의 체제를 근본적으로 변혁하는 경제 이론과 실천의 탐구로는 나아가지 못했다. 이런 상황은 진보적 교육운동에도 그대로 반영되어 민주시민교육이나 대안교육이 반자본주의 교육으로 나아가는 것을 막는 완충제가 됐다. 반세계화 반신자유주의 운동과 사회 변혁 운동의 중심에 섰던 칠레의 교육운동과 민주화운동의 연장선에 머물렀던 한국의 진보 교육운동이 결정적으로 갈리는 지점이 바로 거기일 것이다.

그러는 동안에도 정치권과 결탁된 여러 대형 금융 사건들이 계속 터져 나왔지만 그때마다 '고위층 스캔들'이나 개별 사건으로 다뤄졌을 뿐, 피해는 고스란히 연루된 개인과 사회의 몫으로 남았다. 사건에 대한 총체적 진실이나 역사적 연원을 파악하면서 금융의 지배 구조와 원리를 사회 구조적으로 이해한다는 것은 해당 분야의 전문가가 아닌 사람들에겐 쉽지 않은 일이었다. 바로 이 부분이 민주시민교육의 일환으로서 자본주의에 관한 교육과 금융교육이 요청되는 이유일 것이다.

하지만 지금 성행하는 경제교육, 그것도 주로 금융교육이나 투자교육에 중심을 둔 교육은 그런 목적과는 분명 거리가 멀다. 그건 금융 자본의 원리나 무서운 본성을 이해하고 그게 어떻게 사회적 생태적 파괴력을 가지는지 알려 주는 비판적 교육이 아니라, 그 경제 원리를 잘 알고 돈 버는 이치를 깨우치도록 하는 순응과 내면화의 교육이지 않은가.

오래전 부루마블 게임을 둘러싸고 아버지와 싸웠던 일화가 다시 생각난 건 최근의 일이다. 교사들의 대화 속에서 '보드 게임을 활용한 경제교육'에 대한 이야기를 들었다. 내가 사는 강원도 인제에서 오랫동안 해 오고 있는 '자치와 자급' 공부 모임에서도 비슷한 이야기가 나왔다. 텔레비전에서 어떤 선생님의 신박한 경제교육을 봤는데, 인상적이면서도 충격적이더라는 말을 전했다. 벌써 학부모들 사이에 입소문이 자자하다는 이야기도 했다. 우리 지역에는 그런 혁신적이고 창의적인 교사가 없다는 불만과 원성도 높다고 했다. 교실을 작은 국가로 만들어 어린이들이 직업 활동과 투자 활동을 통해 돈의 흐름과 투자 원리를 익히도록 한다는 그 사례는 '살아 있는 경제교육'의 모범 사례로 회자되고 있었다. 누군가는 이미 현실이 이러한데, 아무것도 모르는 것이 과연 '자치와 자급의 삶'에 도움이 될 것인가를 물었고, 다른 누군가는 알아 봐야 나와 상관없는 세상인데 그렇게 안 살기로 한 바에야 아예 모르는 편이 낫다고 했다. 하지만 지금 우리 공부 모임은 투자 실무는 아니지만 자본주의를 이해하기 위한 기초 공부는 한다. 그건 우리의 자치와 자급의 삶을 지키기 위해서라도 알아야 할 필요가 있기 때문이다. 아마 진보 교육을 고민하고 실천해 온 많은 교사와 학부모들도 이런 지점들이 혼동될 것이다.

청년들의 '영끌 투자'가 사회적 이슈가 되었을 때, 주변의 교사들로부터 '어릴 때부터 경제교육이 필요하다'라는 이야길 많이 들었다. 그때 말하는 경제교육의 필요성은 어떤 맥락이었을까. 금융이나 투자에 대해서 스스로도 무지한 교육자와 그들이 피교육자에 대해 종종 취하는 태도, '애들은 몰라도 돼'가 청년들을 아무런 준비 없이 사회로 내보내고, 잘못된 투자로 이끄는 데 기여하지는 않았는가 하는 우려에 나도 반쯤은 동의가 됐다. 특히 창업으로 경도된 진로교육을 보면서 경제교육의 필요성을 더욱 느끼기도 했다. 실제로 금융감독원 조사에서 경제 활동 인구 중에서 20대의 금융 이해력이 가장 낮다고 나타난 적도 있다.[1] 그런 결과는 어쩌면 당연한 것 아닌가. 스무 살이 되도록 입시 체제에 갇혀 사회로부터 사실상 격리되어 있다 막 사회에 나왔는데, 무슨 금융 이해력이 높을 수가 있겠는가.

얼마 전 유튜브 등에서 배달 전문 떡볶이 창업 사례를 본 적이 있다. "떡볶이 팔아서 저렇게나 번다고?" 처음엔 깜짝 놀랐지만, 가맹점비와 임차료, 재료비, 인건비, 배달 수수료에 세금 등을 제하고 남는 순수익은 매출의 20% 정도에 불과했다. 2000만 원 벌면 400만 원 남는단 이야기다. 그걸로 집세도 내고, 생활비도 쓰고, 대출금도 갚아야 한다. 아침 8시부터 새벽 2시까지 쉬는 날도 없이 일해야 하지만, 사장이 자신이니 개선을 요구할 대상도 없다. 개업 특수와 코로나19 배달 특수가 사라지면 지금 매출이 얼마나 유지될지 모른다는 불안이 쓰러질 때까지 일하게 만

---

1 "'금융 문맹' 20대··· 이해력 62점으로 60대보다 낮은 낙제점", 〈동아일보〉, 2017년 1월 23일.

든다. '최저 시급을 받아도 그보다는 많이 벌 텐데' 싶어 안타깝다. 게다가 탈이 나서 병원에 가고 일을 쉬면 대출금은 어떻게 하나 발을 동동 구른다. 그런데도 젊은 사장님들은 밥을 먹으면서도 매출액을 보고 웃는다. 이렇게 '큰돈'을 벌어 본 건 난생처음이니까.

'창업 성공 신화'는 유튜브의 인기 콘텐츠가 되었다. 여기서 '성공'은 '이를 악물고 악착같이 벌어서' 집도 사고, 빚도 갚는 것이다. '좋은 삶'에 대한 고민은 없다. 좋은 삶이란, 돈을 벌면 따라오는 것이라 생각한다. 하지만 성공한 사장은 사업을 확장하러 더 바쁘게 더 쉴 틈 없이 일하고 있다. '매출 대부분은 누가 가져갔을까? 그건 정당한 걸까?' 이런 질문이 들어설 여지도 없다. 소수의 성공 신화를 방송해 채널 운영자도 유튜브도 돈을 번다. 자기의 노동이 들어가 갈리는 맷돌에서 보이지 않는 투자자들은 수익을 뽑아 가고 있는데, 벌어서 갚고 빚내서 버는 악순환의 굴레에 발을 들여 버렸다는 것을 정작 본인은 모른다. 이런 모습을 보노라면 제대로 된 '경제교육'이 정말 필요하다는 생각이 들기도 한다.

공공성 없는 경제교육

하지만 문제는 '제대로 된 경제교육'의 상이 저마다 다
르다는 것이다. 경제교육의 필요성에 대해선 누구나 공감
하지만 방향, 목표, 방법에 대해선 사회적으로 제대로 된
논의, 합의 과정이 없었다. 그 사이 자본과 정보, 인력, 네트
워크를 앞세운 영리/비영리 업체들이 경제교육 시장을 잠
식하기 시작했다. 여기서 경제교육이란 곧 자본주의 교육
과 동일시되며, 누리집 등을 살펴보면 자본주의 경제에 대
한 비판적 이해가 아니라 철저히 체제에 순응시키는 교육
으로 이루어지고 있다.

경제교육에서도 교육 시장화와 외주화는 교육 공공성을
심각하게 훼손한다. '경제교육'이라고 말하지만 실제로 강
조되는 것은 거의 금융·투자교육이다. 시장 경제와 화폐
경제를 전제하고, 자본주의 주식 시장을 모델로 한 투자교
육이 대부분이다.

투자교육과 합리적 소비교육은 그토록 강조하면서도 노
동교육은 철저히 외면하는 것도 짚어야 할 부분이다. 어떤
교사가 초등 교실에서 노동권과 노동조합 활동에 대한 일
상 체험형 교육을 했다면, 그 교사는 과연 어떻게 됐을까?

'모의 투자'만큼, 모의 파업도 쉽게 허용될 수 있었을까? 어린이들이 노동조합을 결성하고, 직접 단체 협약을 해 보는 건 가능했을까? 그런 교육 실험을 한 교사는 TV에 나와 자신의 경험을 전국의 시청자들에게 들려줄 수 있었을까? 학교에서의 투자교육을 혁신적이고 창의적이라고 환영했던 학부모들과 사회 여론은 그것이 노동교육이었다면 결코 그렇게 호의적이지 않았을 것이다. 시장에서의 권력관계는 교육에서도 그대로 작용한다.

날로 심각해지는 교육의 외주화는 경제교육에서도 예외가 아니다. 청소년금융교육협의회 같은 경제 단체는 학교에서 활용할 수 있는 금융교육 교재를 만들고, 프로그램을 제공하고, 강사를 교육하고 파견하는 등 초·중·고 학생들을 대상으로 한 금융교육에 주력하고 있다. 금융감독원도 금융교육센터 누리집을 통해 초·중·고 학생 및 대학생과 성인에게까지 생애 주기별 경제교육 자료를 제공하고, 다양한 금융교육 보드게임 교재와 이러닝e-learning 자료를 제공한다. 이런 자료를 활용하여 학교 투자교육에 적극 앞장서는 교사 모임도 늘어나고 있다. 한 초등 교사는 '학급 주식 시장을 만들어, 등락이 적고, 꾸준히 상승하는 미국의 우량주인 스타벅스, 디즈니, 애플 등으로 종목을 정해 아이들이 이익을 보게 했다'라고 자랑스럽게 말한다. 이 학급 어린이들은 가상 소득을 진짜 기업에 모의 투자를 하는 체험 학습을 하는데, 이 교사는 "국내 주식도 다루면서 뉴스가 풍성해지고, 오르내림도 커져 아이들 한숨 소리가 커지는 중"이라고 전했다.[2]

투자교육의 중요성을 강조하는 이들은 주식 시장이 국제 유가나 식량 파동, 전쟁이나 팬데믹, 기후 위기 등 여러 가지 국내·국제 사건들과 밀접하게 연관되어 있고 그것이 곧 등락에 반영되기 때문에, 투자교육은 주식 변동을 통해 사회적 이슈를 접하고 그 연관성을 이해할 수 있는 좋은 계기라고 말하기도 한다. 사회를 볼 수 있는 하나의 창문이 된다는 점에서 긍정성이 있다는 것이다.

하지만 사회의 공익과 개인의 이익이 충돌할 때, 손해를 보면서도 사회적 정의를 먼저 생각하는 시민들을 투자교육이 길러 낼 수 있을까? 어린이 투자교육은 더 이상 금기시되거나 조심스러운 일이 아니다. 금융교육은 중요한 선행 교육이 되었고, 학교 현장에서 이를 적극 선도하는 교사는

---

2 "학교에서 투자 가르쳐요(1) 배곧해솔초 김건 선생님", 〈어린이경제신문〉, 2021년 9월 20일.

진취적이고 혁신적인 교사의 상징이 되었다. 하지만 돈을 벌어야 좋은 일에 쓸 수도 있고 착한 투자로 사회를 더 나은 방향으로 개선하거나 문제를 해결하는 데 도움이 될 수 있다는 논리는, 결국 부자가 선인의 조건이요 선행의 지름길이라고 말하는 것이나 다름없다. 이는 부자를 존경하는 사회를 탄생시킨 논리이자, 부자 신분 사회를 암묵적으로 승인하는 논리다.

우리 아버지의 시대는 끝나 버렸다. 이제 청렴과 청빈은 어디서도 대접받지 못하고, 대출 불가는 낙오자이자 무능한 자에 대한 낙인이다. 근면 성실의 이데올로기가 산업 자본주의 시대의 노동자를 훈육했다면, 모험적 투자자가 되라는 앙트레프레너십은 금융 자본주의 시대의 개인을 훈육하는 이데올로기가 되었다. '호모 이코노미쿠스homo economicus'는 '투자하는 인간, 호모 인베스투스homo investus'로 한발 더 진화했다. 고대엔 '오이코노미아가 아닌 것', 즉 '반反경제'로 여겨졌던 '돈으로 돈을 버는 기술'과 금융업이 오늘날에는 경제의 핵심이 되었다. 이렇게 급격한 변화가 이루어진 것이 이 땅에선 불과 20여 년 사이의 일이다.

그렇다고 해서 약탈적 금융 자본주의가 아닌, 생산과 소비로 성장하며 분배가 좀 더 공정했던 산업 자본주의로 돌아가자는 말은 아니다. 지금의 금융화된 세계는 산업 자본주의의 성장 위기를, 자본주의를 더 극단적인 형태로 밀어붙여 극복하려 한 결과이기 때문이다.

다른 경제교육은 가능하다

그럼에도 불구하고 근본적 비판 없이 금융 경제 원리와 투자 기술을 실용적인 교육, 경제교육이란 이름으로 이렇게 각자의 방식대로 교육해도 되는 것일까?

무엇보다 앞서 살펴본 것과 같은 이런 경제교육의 가장 큰 문제는 자본주의가 아닌 다른 경제를 상상하지 못하도록 봉쇄한다는 것이다. 계획 경제도 사회주의 경제도 실패한 것으로 규정되어 왜 실패했는지를 성찰하며 다시 도전해 볼 기회조차 박탈해 버린다. 시장은 제2의 자연처럼 주어져 있는 것으로 전제되어 개혁도 개선도 그 안에서만 가능한 것으로 여겨진다. 경제에 대한 이런 인식은 전前 자본주의 단계에서 나타났던 수많은 연대적 민중 경제의 양식들과, 지금도 세계 곳곳에서 출현하고 있는 자본으로부터 탈주하는 다양한 대안 경제들을 보지 못하도록 한다.

무엇보다 시장 경제 시스템이 영원히 작동할 것을 전제한 금융·투자교육은 기후 위기 시대에 요청되는 생태교육-전환교육과 정면 배치된다. 지구상의 어떤 존재도 무한히 성장하는 것은 없다. 자본주의 시장의 상품 생산과 소비조차 지구적 생태 한계 안에 있음을 가르쳐 준 것이 그동안 자본주의 체제 내의 모순을 폭로한 '경제 위기'와 '금융 위기'였다. 2008년의 위기는 해결되지 않은 채 미봉책으로 겨우 봉합되어 언제 터질지 모를 상태로 여전히 현재 진행 중인 상태다.

당면한 기후 위기는 자본주의가 낳은 결과이며, 자본주의 위기를 가중시키는 원인이 될 것이다. 그런데도 자본은 또다시 금융과 기술로 성장의 한계를 뛰어넘고자 한다. '교육의 생태적 전환'은 바로 그 성장주의 경제의 패러다임 자체를 넘어서고자 하는 교육운동의 새로운 좌표를 제시한 것이었다. 대지에 기반한 자연의 오이코노미아, 생태 경제는 무한히 증식하는 숫자의 경제, 금융 자본주의와 공존할 수 없다. 자연의 생명 존재가 단순히 수탈당하고 파괴당하는 대상에 머물지 않고, 자본으로부터 탈주하며 시장 경제와 싸우는 자연의 경제도 우리의 중요한 대안 경제 교과서다.

자본주의 시장 경제를 교실로 가져오는 대신 자본주의적 공리를 뒤집는 다양한 반자본주의적 실험을 교실에서 해 볼 수는 없을까? 교실에서 국민 경제가 아니라 민중 경제, 금융 경제가 아니라 생태 경제를 적용해 볼 수는 없을까? 앞서 언급한 학교 금융·투자교육 사례에서 학생들은 임금을 노동 강도와 시간에 따라 차등적으로 배분받았다. 힘든 일에 더 많은 보수를 책정하는 건 바람직해 보이지만, 다른 노동에 다른 임금을 당연한 것으로 전제한다는 건 노동의 위계와 임금의 위계가 그에 따른 사회적 위계를 만들어 낸다는 사실 또한 당연히 받아들이도록 한다. 이런 관점은 임금을 노동의 대가로 보는 신화나 인간의 노동을 상품화하고 임금으로 가격을 지불하는 자본주의 시장 경제의 규칙을 충실히 따르는 것이다. 설혹 참여자들이 스스로 법을 정하고, 노동의 가치와 임금에 대해 결정할 수 있다고 해도, 자본주의 시장 경제의 원리에 따르는 게임의 룰 자체는 바뀌지 않는다.

하지만 우리는 화폐를 투자 수단이 아니라 교환 수단으로만 사용하고, 삶에 필요한 교환을 위해 모두가 똑같은 양으로 교환 수단을 나눠 가질 수도 있을 것이다. 외환 위기로 파산 위기에 처한 회사를 국가가 인수하고 노동자들이 경영하는 국유화와 노동자 경영 모델의 사례로 종종 언급되는 아르헨티나의 바우엔 호텔에서 노동자들은 '동일 노동, 동일 임금'의 원칙도 훌쩍 뛰어넘는 '다른 노동, 동일 보수'의 원칙을 만들어 낸다. 최고 경영진부터 회계 담당자, 청소부까지 호텔에서 일하는 사람들은 모두 호텔에 필요한 사람들이고 생계에 필요한 돈은 큰 차이가 없다는 생각에서다. 이는 노동과 보수에 대한 다른 기준과 관점에서만 가능한 것이다. 노동은 모두의 필요에 부응하는 활동이고, 자신이 할 수 있는 능력만큼 제공하는 것이다. 보수는 모두의 생활 필요에 부응하는 만큼의 비용을 동등하게 할당하는 것이다. 그래서 최고위 경영진부터 말단 청소부까지 똑같은 보수를 받는 바우엔 호텔은 경영과 노동이 분리되지 않고 모두가 자기 일터의 경영자이고 동시에 노동자인 자주 관리 회사를 실현한다.

이런 사례는 상품 교환이라는 시장 경제의 틀에 갇히지 않을 때 대안의 상상력이 얼마나 풍부해질 수 있는지를 잘 보여 준다. 할 수 있는 한 계속 돈을 버는 것이 아니라, 필요한 만큼의 한계를 정해 두고 '성장하지 않는 경제'를 자체적으로 추구하고 실현했던 시골 빵집의 실험은 어떤가. 투자를 통해 계속 증식하는 돈 대신, 썩지 않는 돈에 대항하며 자연의 다른 모든 생명과 같이 '부패하는 화폐'를 고안했던 실비오 게젤의 '가치가 감소하는 화폐'를 교실에서 도입해 보는 건 어떤가.

우리는 과거와 현재 속에서, 가까운 곳과 먼 곳에서, 인간의 경제와 자연의 경제 속에서, 이런 사례를 수없이 찾아낼 수 있을 것이다. 자본 시장이 전국의 교실에서도 똑같이 수행되는 단일 경제 모델 대신, 각 지역과 마을에서 찾아 낸 잊힌 경제와 밭에서 배운 동물의 경제를 다시 살려 내고 적용해 본다면, 그리고 그것을 함께 나누어 시장과 상품 회로에서 벗어난 경제의 그물망을 촘촘히 연결해 본다면, 우리의 반자본주의 교육은 좀 더 풍부하고 구체적인 상을 갖게 되지 않을까. 한편으로는 자본주의 경제 원리에 대한 비판적 인식을 통해 시장 전체주의와 자본의 독재에 저항하는 삶의 방식을 함께 고안하고, 다른 한편으로는 그 과정에서 지치고 파괴당하지 않도록 서로를 살리고 보살피는 돌봄 경제의 경로를 만들어 내는 것, 이것이 지금 시급히 필요하고, 시도해야 할 미래 교육이고, 경제교육일 것이다.

이런 경제 교과서로는
시민이 탄생할 리 없다

- 자본의 관점을 넘어,
비판 교육으로서의 노동교육으로

·
·
·

《오늘의 교육》 2022년 7·8월

서재민
서울 지역 중학교 교사

남들과의 다른 면모가 있다는 게 좋을 때도 있지만, 나는 대개는 평범하고 싶다. 사람들 사이에서 평균 범위 안의 사람이고 싶다. 특별할 것도 없다. 매일 아침 일어나서 출근하고, 퇴근해서 쉰다. 주말엔 얼굴이 벌개질 정도로 운동을 하고 와서 낮잠을 실컷 잔다. 자족하는 평범한 일상이지만, 이 말 한마디에 나는 비범한 인간이 된다.

"난 재테크 아무것도 안 해."

이상하게 본다. 내 몸과 마음을 적정히 다스리는 것, 내 주변 사람들과의 좋은 관계를 만들어 가는 것만도 벅차지만, 나름 잘하고 있다고 생각하는데, 내 일상이 부정되는 느낌이다. 내가 현실 감각이 없는 거야? 내가 대체 어떤 세상에서 살고 있는 거지? 노동 소득으로는 안정적인 의식주 생활을 해 가기 어려운 '야수-약탈-아류 자본주의' 한국에 산다는 건, 미국보다 더 미국적인 처절한 생존 경쟁의 자유 시장주의 경제에 산다는 건, 이런 보통의 삶도 비범해 보이게 한다.

경제 교과서는 왜 문제인가

물질적 토대가 사회의 성격을 규정한다는 게 마르크스의 '토대-상부 구조론'이다. 자본주의 생산 양식(토대)이 국가의 성격, 사람들의 의식 등을 규정한다. 학교는 그 시대의 지배 이데올로기를 가르치고 배우는 상부 구조의 한 축이고, 따라서 교과서 경제 단원은 자본주의교의 성서Bible이다. 초·중·고 교과서의 경제 단원은 합리적 선택, 생산-소비-분배, 수요와 공급의 법칙, 국내 총생산GDP, 물가 상승(인플레이션), 비교 우위와 국제 무역, 최근엔 금융과 자산 관리(재테크)까지, 교과서의 내용은 자유시장주의 경제학의 용어 풀이집이다.

교육과정 권력 카르텔이 이를 공고히 한다. 애초에 미군정기의 국가 교육과정 체제부터 이런 모습은 시작됐다. 자유시장주의 경제학 우등생인 행정 관료는 기획재정부와 교육부에서 교육의 재정과 정책을 지휘한다. KDI, 전경련, 금융협회 등 국가 산하 또는 민간의 경제 관련 단체는 교육과정 개정 시에 조직적으로 개입한다.

경제학이 원래 이런 것 아니냐고 생각할 수 있다. 마치 공기처럼 '자연스러운 것'이라고 생각해 왔을 테니까. 그런데 이 자연스러움은 '시민'과는 어울리지 않는다. '시민 citizen'의 정의는 여러 가지가 있지만, 개인의 자유를 누리면서 공동체의 일원으로 공적인 일에 참여하는 사람이라고 간단히 정의하자. 그런데 교과서 속 경제가 갖는 특징들은 시민에 반한다.

첫째, '호모 이코노미쿠스(합리적 경제인)'. 자본주의 시장 경제는 하나의 인간상을 전제한다. '가성비', 즉 비용과 효용으로 자신이 마주하는 모든 문제를 정량화해서 판단한다. 호모 이코노미쿠스는 공동체 없는 고립된 자아이다. 다중 정체성이 제거된 자아다. 돈으로 환산할 수 없는, 사람들 간에 유대를 맺어 가는, 때로는 이기적이면서도 때로는 이타적인, 공동체 속의 개인이 성장해 가는 시민으로서의 그런 자아는 없다.

둘째, 자본가 빙의. 교과서 서술의 주어(주체)는 자본가다. 세상을 보는 관점이 재벌 2세, 건물주, 국가 고위 관료의 눈이다. 큰 덩어리의 자본을 가진 극소수만이 할 수 있는 고민, 즉 '무엇을 어떻게', '얼마나', '누구를 위하여'가 '3대 경제 문제'로 제시된다.¹ '노동' 또는 '노동자'라는 단어는 하나도 없다(법 영역에서 사회법적 권리로 언급되는 게 전부다). 경제 안정을 위해 얌전히 일하라는 내용으로 '근로자는 과도한 요구를 자제하고 생산성을 높여야 한다'라고 한다. 그런데 대다수 보통 사람들이 고민하는 경제 문제는 이런 게 아닐까? "난 뭐 먹고 살지?", "최저 시급은 왜 안 오르지?" 등의 생계 걱정, "돈 아껴서 무얼 살지" 등의 한정된 소득 안에서의 지출 걱정.

셋째, 공감과 연대가 없다. '실업' 단원은 인구, 경제 활동 인구, 비경제 활동 인구, 취업자, 실업자 등을 분모, 분자 헷갈리게 놓고 비율을 계산하는 문제 풀이 시간이다. '불평등'은 지니 계수 등 복잡한 통계 자료를 빠르게 해석하는 능력을 측정하는 시간이다. 실업이 사회의 어떤 맥락에서 발생하는지, 실업자는 어떤 어려움에 처하게 되는지, 불평등은 왜 심화되고 어떤 사회 갈등을 가져오는지, 당사자와 공동체가 어떤 대안을 마련해 갈지 등에 대한 고민을 나눌

---

1 '누구를 위하여'는 생산에 기여한 몫을 분배하는 경제 문제다. 이 말은 마치 자본가가 생산에 참여한 주체들에게 수혜를 베푸는 듯 읽히고, 그중 한 분배 대상인 노동자에게 기여에 따른 정당한 몫을 준다는 전제가 깔려 있다. 그런데 자본주의 역사에서 노동자는 항상 최소한의 최후의 몫을 받았다. 분배는 힘의 우위에 있는 자본가가 몫을 나누는 행위였다. 따라서 3대 경제 문제 중 하나로서 분배는 '누구를 위하여'라기보다는, '누구에게는 정당한 몫이 돌아가는가/돌아가지 못하는가'라는 질문으로 대체되어야 한다.

수 없다. 불평등한 사회 구조는 가린 채 계층 공고화에만 오용되는 요즘의 '능력주의'가 강화된다. 주변의 고통을 외면하는 각자도생의 인간이다.

넷째, 역사를 몰아낸다. 20세기 국가 사회주의 몰락 후, '자본주의 시장 경제'는 역사의 종착지 위상까지 갖게 되었다. 역사의 완성이 자본주의라는 자만 아래 경제를 정치와 분리해서 성역화해 버린다. 그러나 주기적 공황과 두 차례의 세계 대전, 세계화 이면의 저개발국 노동 착취, 군사력이 곧 경제 패권인 현실 등에서 알 수 있듯이, 자본주의 발전의 역사는 지극히 정치적이었다. 정치를 제거한 자본주의는, '자본주의 이전의 경제', '자본주의 내의 다양한 경제', '자본주의를 극복하려는 경제' 등에 대한 상상과 논의를 어렵게 한다.

교육에 대한 자본의 침략은 이제 시작이다

해소되지 않는 의문들이 있다. 다들 열심히 사는데 왜 살림살이가 나아지지 않을까? 서로 기대고 돕는 연대 행위를 하면 합리적 경제인이 아닌가? 실업자가 한 명도 없는 자본주의도 있나? 기후 위기, 팬데믹 등 지구와 인류를 파괴하는 일들이 왜 제어되지 않는가? 기술이 얼마나 더 발전해야 사람들에게 노동으로부터의 자유를 줄까? 풍요의 시대에 왜 일하다가 죽는 사람이 이리 많을까? 이런 의문들을 돌아볼 겨를도 없이, 더 큰 바람이 불고 있다.

금융 투자가 유행이고, 경제 현실을 각색해 교실(수업) 모형으로 재현해 내는 교사들이 늘고 있다. 이런 현상에 한 쪽에서는 열광하고, 반대 편에서는 큰 우려를 보인다. 나는 후자인데, 이제 시작에 불과하다는 암울한 전망이다. 숨 막히는 국가 관료제의 폐쇄성이 의도치 않게 방어막을 만들었던 걸까? 이재理財를 밝히는 사람에 대한 도덕적(봉건적) 손가락질에 눈치를 보는 문화가 이어져서 그런 것일까? 교육에 대한 자본의 관여가 전에는 그나마 점잖은 편이었다.

이제는 자본주의 시장 경제의 교육 분야 침투는 더 노골화되고 있다. IMF 외환 위기 이후에 미국식 자본주의를 속수무책으로 받아들이게 되면서, 특권 학교(자사고, 국제 학교)가 유치되었고, 교육과정에는 '금융과 투자' 단원이 들어왔으며, 교육의 다양화·전문화·유연화 논리로 비정규 교사들은 늘어났다. 더 근본적으로 교육 관계의 시장화, 즉 교육 서비스 공급자(교사)와 수요자(학생, 학부모) 관계로의 변화가 진행됐다. 최근엔, 글로벌 회사의 스마트 기기 보급과 업무용·교육용 소프트웨어 공급, 기업 전담 팀이 관리하는 교사 네트워크, 그린 스마트 미래 학교 등으로 공교육 시장이 활짝 열렸다.

교육에서 모색하는 대안

이런 현실 앞에서 교육에서는 어떤 대안을 찾을 수 있을까?

먼저 다른 관점, 다른 이론이 필요하다. 마르크스의 《자본론》은 약 150년 전에 나왔다. 지금의 독점 자본주의, 금융 자본주의, 소비 자본주의, 신자유주의가 등장하기 전의 초기 자본주의 현상을 분석했다. 그리고 이유가 어찌 되었든, 혁명으로 건설한 20세기 현실 국가 사회주의는 결국 몰락했다. 그래서 이제는 마르크스 경제학이 시대에 뒤떨어진 경제학이라고들 한다. 그러나 지금의 자본주의는 초기 자본주의와 완전히 다른 무언가가 아니다. 초기 자본주의의 몸체에 이것저것 덧붙인 것이다. 따라서 《자본론》은 겹겹이 쌓인 자본주의 모순의 원형을 파고들 수 있게 해

준다.

《자본론》은 자본주의 세상을 뒤집어 보는 '빨간 약'이다. 앞서 언급한 의문들을 《자본론》을 쥐고 파헤치다 보면, 절대 다수의 노동하는 사람들이 겪는 소외에 다가가게 된다. 예를 들어 실업은 일시적 경제 위기가 아니라 상대적 과잉(노동) 인구를 전제해야 하는 자본주의 자체의 속성이다. 높은 경제 성장률은 가혹한 노동 착취의 다른 말이다.

테오도어 아도르노는 1960년대 독일의 교육 개혁, '아우슈비츠 이후의 교육'의 중심은 '비판 교육'이 되어야 한다고 했다.[2] 비판 교육은 기존의 질서에 대한 비판적인 안목을 기르는 것, 불의한 권력에 저항하는 능력을 키우는 것이다. 《자본론》은 최소한 우리가 사는 세상에 대한 비판 교육의 한 관점을 제공한다.

이런 비판적인 관점에 따라 학교 현장에서 대안을 실천하려는 첫걸음이 바로 노동에 대한 교육을 하는 것이다. 2021년 발표된 〈2022 개정 교육과정 총론(시안)〉에서 '일과 노동의 가치'가 3대 목표 중 하나로 제시됐다. 총론과 각

---

2 김누리(2020), 《우리의 불행은 당연하지 않습니다》, 해냄, 66쪽.

론에서 이를 구체화해 가고 있고 2022년 하반기에 발표될 예정이다. '노동'이 중심이 되어 교육과정을 개편하면 좋겠지만 가능성이 희박하다. 교육과정 권력의 작용이든, 정권의 교체 때문이든, 여러 정황상 아쉽게도 극적으로 바뀔 리 없다.[3] 지금 할 수 있는 현실적인 대안은 노동교육을 시·도 교육과정, 마을 교육과정 등 특색 교육과정에서라도 운영하는 것이다. 학교 현장에서 내가 운영해 본 노동교육의 사례를 간단히 소개해 본다.

2021년에 《청소년 노동인권》이라는 서울시교육청 인정 교과서가 개발됐고, 나도 처음으로 공립 중학교 내 정규 교육과정으로 한 학기 노동인권 수업을 했다. 그동안 노동인권교육은 이벤트(학기 말, 범교과, 전문 강사 초청, 사회 교과 수업에서 단발성) 성격으로, 그리고 주로 법률 관계 측면에서 3차시 이내로 이뤄져 왔다. 이와 달리 한 학기 노동인권 수업은 20차시 정도로, 노동에 대한 역사, 관점, 가치, 감수성, 권리 등 시민교육의 하나로 노동을 다룰 수 있다. 노동에 대한 인식과 정의, 노동의 가치와 노동에 대한 태도, 최저임

---

3 결국 2022 개정 교육과정 총론에서는 "노동" 표현이 삭제되었다.

내년도 최저임금 결정을 위한 노사정 간의
협력, 갈등, 타협 등의 과정을 다루며,
최저임금을 둘러싼 현실의 논쟁과정을 다룸.

최저임금위원회와 최저임금 결정, 취업난과 학습 노동에 관한 수업 자료

금위원회와 최저임금 결정, 취업난과 학습 노동 등에 대한 자료를 보고 책을 읽고 생각을 나눈다.

그중 '노동 3권'은 가장 중요하면서도, 아주 민감한 주제였다. 일단은 막연히 학기 말에 다룰 주제로 미루어 놨다. 그러다 마침 기회가 왔다. 코로나19 방역의 최전선에서 싸우는 보건의료노조 등 노동자들에게서 도저히 힘들어서 못 버티겠다는 목소리가 터져 나왔다. 민주노총은 '불평등 타파', '평등 사회로의 대전환'을 외치며 총파업을 결의했다.

열악한 노동 환경에 놓인 비정규직 종사자, 그중에서도 학교 비정규직 노동자들이 파업에 가장 적극적이었다. 우리 학교 급식 조리 선생님들도 참여한다는 소식을 들었다.

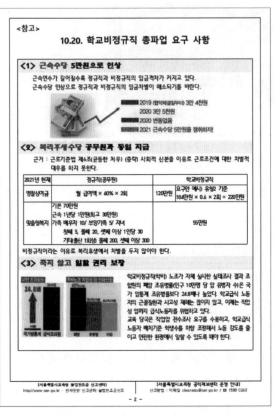

학사 일정 변경 가정 통신문 뒷면에 파업 노동자들의 요구 사항을 담았다.

당일 학사 일정이 단축 수업과 급식 미실시로 변경됐다. 학
교에서는 학사 일정 변경과 함께 파업 노동자들의 요구 사
항을 담아 가정 통신을 발송해 주었다.

파업일이 하필 특별 메뉴가 나오는 수요일이다. '바삭바삭 새우튀김'을 못 먹게 됐다는 학생들의 불평이 들린다. 그래도 학생들의 불평은 귀여운(?) 수준이다. 파업에 대한 뉴스의 댓글은 혐오 일색이다. '때려치워라, 할 사람 많다', '아이들 볼모로 잇속 챙기지 마라' 등 경악할 말들의 잔치다. 파업에 대한 뉴스의 댓글은 왜 혐오 일색일까? 수업 시간에 이걸 대놓고 얘기하는 방식으로 계기 수업 흐름을 짠다.

〈2021년 10월 20일 민주노총 총파업 계기 수업 흐름〉

도입	• 노동조합의 파업에 대한 뉴스를 접하면 어떤 생각이 드나요? • 파업에 대한 뉴스의 댓글들은 왜 다 혐오의 말들일까요? • 무조건 욕하기 전에, 어떤 간절한 목소리인지 들어 볼까요?
내용	• 노동 3권(단결권, 단체 교섭권, 단체 행동권)의 역사와 법 이해 • 해외 사례 : 파업에 관대한(?) 유럽 사회의 시민의식 　(예 : 프랑스의 판사 파업)
토론(심화)	• "우리나라는 왜?" OECD 평균(32%)의 절반에도 못 미치는 낮은 노조 조직률(12%)을 가질까?
참여	• 급식 조리 선생님들이 요구하는 노동 조건에 대한 목소리를 듣기 　(파업 홍보 영상) • 파업에 대한 지지와 응원의 짧은 문구 쓰기(필수 아님, 익명 가능)

파업은 더 이상 물러설 곳 없는 사람들의 절규다. 무조건 욕하기 전에, '왜 이들이 징계와 해고를 각오하고 거리에 서야 했는지', '어떤 요구를 하는지' 들어 보아야 하지 않을

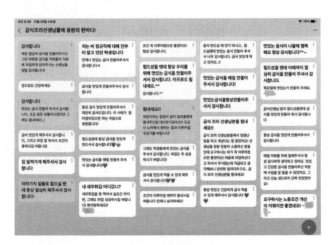

학생들의 응원 메시지 모음

까? 학생들은 수업의 막바지에 새우튀김 못 먹는 마음을 달래고, 급식 조리 선생님들께 응원의 문구를 (원하는 사람만) 적어 본다.

전교조 분회 조합원들과 함께 간식과 응원 메시지를 들고 급식실을 찾았다. 학생들의 식사를 거르게 해 무거워졌던 마음이 조금이나마 가벼워지시는 듯해 보였다. '아 맞다, 나도 민주노총 조합원이지?!' 학교 비정규직 선생님과의 연대만 생각하다가, 정작 나도 민주노총 조합원이라는 걸 잊고 있었다. '정규직이라 코로나19의 위기도 생계의

교내에 보낸 연대의 메시지

위협으로 다가오지는 않았구나' 하는 옹졸한 안도감이 들었다. 그러면서도 교사가 노동 3권을 당당히 행사하여 행동하는 건 머나먼 일인가 하는 무력감도 들었다. 계기 수업과 학교 비정규직과의 연대를 홍보하는 교내 메시지를 보내면서, 교사도 힘을 모아 노동 3권을 행사하는 날이 오면 좋겠다는 희망도 넌지시 내보였다.

자본과 노동을 대립해서 보지 않고 싶어도

노동과 노동(인권)교육에 대해 나의 생각을 말하는 자리에서 자주 듣는 반론이 있다. 자본과 노동을 왜 대립적으로, 이분법적으로 보느냐는 거다. 교사가 재테크도 하고 금융교육도 하면서, 노동과 노동교육의 중요성은 그것대로 마음에 새기면 되는 거 아닌가? 이분법은 항상 경계해야 하는 거 아닌가? 특히나 합의점을 찾지 못해 오랜 기간 적대 관계를 만들어 왔던 노동과 자본이니 더더욱 대립적 관점을 부추기지 말아야 하는 것 아닌가? 그러나 내 머릿속에서 노동과 자본의 대립 구도는 도무지 사라지지 않는다. 자본이 노동을 어떻게 대했는지가 계속 떠올라서다.

금융 자본은 실물 자본 위에서의 심리 게임이다. 실물 자본은 원료 채취, 가공, 유통, 판매, 광고 등 촘촘한 생산에서 소비에 이르기까지의 누군가의 노동이다. 자본의 논리는 심지어 사람 목숨이 오가는 전쟁을 앞두고도 그 참혹함보다 관련 주가가 곤두박질칠까 안절부절못하게 한다. 사람과 노동을 대상화하는 게 자본이다. 노동 환경이 너무 열악해서 몸이 계속 아프다고, 동료가 죽어 간다고, 같은 일을 하는데 왜 임금이 이렇게 적냐고 물어도, 자본은 노동자를 온전히 노동자로 인정해 주지 않았다. 자본은 그들을 비정규직이라고, 개인 사업자라고, 현장 실습생이라고, 미등록 외국인이라고 했다. 그래서 노동조합을 만들 수 없다고, 간접 고용이라 자기들은 책임이 없다고 했다. 이렇게 노동과 노동자를 홀대해 온 게 자본이다.

그래서 금융 자본을, 자본을 노동과 대립하는 것으로 보지 말라는 말을 들으면, 강자가 약자한테 폭력을 휘둘러 놓고 '나를 적대적으로 보지 말아 줘'라고 말하는 듯해서, 선뜻 받아들이기가 어렵다. 그래서 나는 이렇게 말할 것이다. 금융교육을 강조하기 이전에 노동교육이다. 호모 이코노미쿠스의 탄생 이전에 노동인권 감수성이다. 우리 사회에서 누구나의 노동도 온전히 인정받게 되었다는 생각이 들 때에야, 금융교육에 대한 경계심도 누그러질 수 있을 거 같다. 이런 내 생각이 비범함이 아니라 보통이 되는 세상이어야만 비로소 말이다.

학교에서 제대로 된 노동교육은 가능할까

– 학교 노동교육이 넘어야 할 산

·
·
·

《오늘의 교육》 2022년 7·8월

장윤호

경기 안양공고 교사

복도를 오가다 혹은 교실에서 잠시 쉬다가 학생들끼리의 이야기를 본의 아니게 엿듣게 되는 경우가 있다. 이런저런 이야기를 나누는 것을 흘려듣고는 하는데, 오래전에 들었는데 맘속에 오랫동안 맴도는 이야기들이 있었다. '알바' 이야기였다. 임금을 제대로 못 받았다는 둥, 피치 못할 일이 생겨 하루 결근을 했는데 3일치 임금을 까였다는 둥, 일을 그만두기로 했는데 후임자가 오질 않아서 계속 일을 하고 있다는 둥, 최저 시급이 얼마인지 서로가 잘 몰라서 논쟁을 하거나, 일을 하다 다쳤는데 치료비를 사장이 주는 거다, 아니다 하는 모습이다.

　어느 날엔가는 기말고사가 끝나고 방학을 앞둔 시기에 노동인권교육(이라고 하기에는 너무 부족하지만)을 했다. 내가 알고 있던 알량한 지식과 어찌어찌해서 구한 자료를 가지고 임금 계산, 노동 시간, 산업 재해, 근로 계약서, 퇴직금 등에 대해서 떠들었던 것이다.

　그러던 중에 충격적인 사건을 접하게 되었다. 전문계고

(지금은 특성화고라고 부른다) 현장 실습을 나갔던 학생이 일을 하다가 쓰러져서 의식 불명이 되었다는 소식이었다.[1] 전에도 이런 사고가 있었겠지만, 내게 이 사건은 유독 강하게 다가왔다. 교육부는 부랴부랴 대책을 세우고 오래전부터 전교조(실업교육위원회)와 시민단체들이 요구하던 노동인권교육을 실시하겠다고 하였다. 아마 이 사건이 특성화고 학생들을 대상으로 하는 노동인권교육의 필요성이 강하게 대두되는 계기가 된 것 같다.

학교 노동인권교육의 확대

그 후, 광주광역시에서는 노동인권 교과서를 만들자는 움직임이 일어나 차근차근 준비하였다. 경기도에서는 다른 연유에서 노동인권교육을 다루게 되었는데, 학생인권이 대두되고 학생들에게 시민으로서의 역량을 키우게 할 필요성을 느끼면서 '민주시민' 교과서 제작을 시작한 것이다. 민

---

1 2011년 12월, 기아자동차 광주 공장에서 현장 실습생이 야간 노동 등 과중한 노동을 하다가 뇌출혈로 쓰러진 사건이다.

주시민 교과서가 담은 주제 중 하나가 노동이었고, '노동과 경제'라는 단원에서 드디어 노동이 전면에 등장하게 되었다. 정식 교과서에 노동을 전면으로 내세우고 그동안 잘 다루지 않았던 비정규직과 최저임금, 파업 등을 다루었기에, 그동안 노동인권 교육을 하던 사람들에게는 작은 용기와 희망이 되었다. 간헐적으로 〈노동인권 수첩〉과 같은 소책자 등을 제작하는 것에 머물러 있던 노동인권 학습 자료 개발을 견인해 내는 역할도 하였다.

청소년단체나 비정규직센터, 일부 노동단체 등이 중심이 되었던 노동인권교육은 점차 확대되기 시작하였고, 학습 자료도 교육청과 노동부, 여성가족부, 광역 지자체 등에서 지원을 받으며 제작되었다. 비록 특성화고 위주이기는 하지만 학생들에게 노동인권교육을 전면적으로 실시하고 교육을 위한 강사를 양성하는 과정도 곳곳에서 만들어지게 되었다.

노동인권교육은 특성화고 현장 실습 문제를 계기로 시작되었지만, 거기에만 머물지는 않았다. 각 시·도교육청에서 '노동인권교육 활성화 조례'를 제정하고 관심을 가지기 시작하면서 대상을 확대한 것이다. 노동인권교육의 내용도 점차 확장되었다. 초기에는 임금 계산, 퇴직금 계산, 부당

해고, 노동 시간, 산업 재해 등 노동자 개인이 가지는 권리와 구제에 대한 것이 주를 이루었지만, 이후 노동자의 개념, 노동의 의미와 가치, 역사, 노동 3권 등을 다루면서 조금씩 그 영역을 확장해 나갔다.

2019년, 드디어 교육부에서도 노동인권교육 학습 자료를 만들었고, 광주에선 《노동인권》 교과서를 발행하였다. 그 교과서를 가지고 관내 특성화고에서 수업을 시작하였으며, 2021년에는 서울에서 같은 해에 발행된 중학교용 교과서를 가지고 자유 학년제를 활용하여 수업을 하는 중학교가 등장하였다. 적어도 이제 특성화고에서 노동인권교육은 눈치를 살피지 않고 강의하는 것이 당연한 것이 되었고, 일반고나 중학교, 초등학교로도 노동인권교육의 기회가 확대되었다. 학습 자료도 양적·질적으로 발전해 왔다.

그리 바뀌지 않은 현실

하지만 과연 뭐가 달라졌을까. 여전히 특성화고 현장 실습생이 실습 도중 사망하는 사고가 일어나고 있고, 산업 재해도 끊이지 않으며, 노동 환경과 노동자의 현실은 나아질 기미가 보이질 않는다. 노동자의 목숨을 지키는 것에 도움이 될 것이라고 생각해 만든 「중대재해 처벌 등에 관한 법률」은 누더기이고, 노동자의 목숨보다 기업과 주주의 이익을 더 먼저 생각하는 현실은 달라지지 않고 있다. 택배 노동자들이 1년에 한 번만이라도 휴가를 가지는 것도 용인하지 않는 사회, 노동자의 '워라밸'보다는 국가의 경제 발전(이라고 말하지만 실은 대기업의 이익)이 먼저인 사회, 최저 시급 몇백 원을 올려 주는 것이 마치 국가의 경쟁력을 좀먹는 것처럼 생각하는 사회, 단체 협약을 어기거나 교섭에 응하지 않은 사용자에게 대항하는 파업은 노동자의 권리 향상을 위해 「헌법」에서 보장을 하고 있음에도 불구하고 항상 불법으로 취급되는 사회, 고용이 안 되어 어쩔 수 없이 영세 자영업자로 내몰리는 사회, 그래서 자영업자끼리의 경쟁과 자영업자와 노동자 간의 갈등을 부추기는 사회는 아직도 그대로이다.

교육이 이런 사회의 원인은 아닐 것이다. 그러나 교육 역시 제대로, 더 확실하게 바뀌어야 한다. 특성화고 노동인권 수업은 고작해야 1년(또는 1학기)에 2시간뿐이다. 외부 강사가 들어와서 실시하고 있는데, 학교에서 노동인권교육을 별 저항 없이 받아들인 것은 현장 실습생 사상 사고 때문이기도 했지만, 실은 수업을 외부 강사가 하기 때문은 아닐까 싶다. 그동안 교사는 잠시 쉼을 가질 수 있기 때문에 저항이 크지 않았다고 말한다면 너무 부정적으로 바라보는 것일까? 그리고 1년에 두어 시간 하는 것이 얼마나 효과적일까? 강의를 준비하는 외부 강사들은 정성을 다해 학년별로 수업 지도안을 만들고 연속적인 수업을 준비하지만 학생들은 매년 새롭기만 하다. 1년 전에 단 1회 참여했던 것을 기억하고 있는 것이 이상하다. 물론 한 번도 듣지 못한 것보다야 한 번이라도 들은 것이 낫기는 하겠지만, 아쉬움은 크다.

특성화고는 그나마 다행이다. 일반고는 수능 준비로 인해 노동인권교육이 비집고 들어갈 기회를 얻기가 매우 어렵다. 수능이 끝난 이후에 노동인권교육을 하는 사례가 있기는 하지만, 그때에는 무엇을 해도 수업 효과가 없는 시기이다. 그저 교육청 보고용으로 하는 것 이상의 의미는 없다. 중학교와 초등학교에서의 교육도 아직은 미약하기만 하다. 게다가 이런 일반고, 중학교, 초등학교에서의 노동인권교육은 일부 시·도교육청에서만 하고 있을 뿐이다. 17개 시·도교육청 중에서 4개 지역을 제외한 13개 시·도교육청에서 노동인권교육 활성화를 위한 조례를 제정하였다. 하지만 이 조례와 관련된 법률은 없다. 오래전부터 노동인권 교육과 관련된 법안이 국회에 발의되었지만 아직 제대로 된 논의조차 없다.

전국적으로 일관되게 실시하는 체계적인 노동인권교육이 필요하다. 단편적으로 실시하는, 그래서 그저 보고용인 교육이 아니라, 실제 정규 수업 시간을 활용해서 수업을 하는 것이 필요하다. 노동인권 교과를 만들어서 전문적으로 교육을 하든, 각 교과에서 노동인권과 관련된 성취 기준을 강화하여 실시하든, 아니면 이 둘을 병행하든 어떤 방책이 필요하다. 다른 것들도 마찬가지이겠지만 특히 노동인권 교육은 '노출'이 필요하다. '노동'이란 단어를, '산업 재해'라는 단어를, '근로 계약서'라는 단어를, '노동 3권', '노동조합'이라는 단어를 익숙하게 만들어야 한다. 내 귀에 들리는 '노동'이라는 단어가 어색하지 않아야 하고, 내 입에서 '나는 노동자다'라는 말이 자연스럽게 나올 수 있어야 한다. 그때야 비로소 '노동교육'이 시작되는 것이다.[2]

---

2 우리는 그동안 노동인권교육과 노동교육을 혼용하여 사용해 왔다. 학교에서는 노동교육보다는 노동인권교육이라는 명칭을 더 선호해 왔다. 아마도 노동인권이란 단어가 거부감이 덜했기 때문이 아닐까 싶다. 그리고 노동인권이라는 명칭하에 「근로기준법」 내용을 주로 다루면서 노동자 개인의 권리

노동자들의 삶을 위한 교육

노동교육의 필요성에 국가공무원노동조합과 전국민주노동조합총연맹 등 노동조합도 관심을 가지기 시작하였다. 2021년 상반기에 민주노총과 시민단체들은 '학교부터 노동교육 운동본부'를 꾸렸다. 167개의 단체들이 노동교육의 필요성에 대해 공감한 것이다. 학교부터 노동교육 운동본부는 2022 개정 교육과정 총론에 노동교육이 들어가는 것, 학교에서 노동교육을 의무화하는 내용의 관련 법 제정, 일과 노동의 의미와 가치가 담긴 교육과정 마련 등을 활동 목적으로 내세웠다.

구제를 중심으로 이야기하는 것이 학생들에게도 강사에게도 부담이 적고 수업의 효과도 더 컸으리라고 생각되고, 이는 분명 중요한 교육이다. 하지만 이제 노동교육이라는 명칭을 사용할 때가 아닐까. 다음백과에서 검색하면 '노동인권'이나, '노동인권교육'이란 단어는 나오지 않는다. 대신 '노동교육'이라는 단어는 나오는데, 이렇게 적혀 있다. "국제노동기구ILO에서는 노동교육은 다음 3가지를 추구해야 한다고 규정하고 있다. ① 민주적인 가치 체계를 수립하기 위해서 노력해야 한다. ② 사회적 의식을 고양시키도록 해야 한다. ③ 노동조합의 목적 달성을 성공적으로 하는 데 필요한 다양한 지식과 기술들을 제공해야 한다." 우리의 교육도 ①, ② 정도는 추구하는 방향으로 가고 있는 듯하다. 그런 의미에서 이제는 노동교육이란 명칭을 사용하는 것이 좋겠다.

약간 뜬금없는 질문을 해 보자. 도대체 교육의 목적은 무엇일까? 한 명의 인간으로서의 존엄과 가치를, 인간 그 자체로서의 정체성을 함양하고 어쩌고……? 글쎄? 2022년 6월 7일 국무회의에서 대통령은 "교육부의 첫 번째 의무는 산업 발전에 필요한 인재 공급이다"라고 말했다.[3] 충분히 그렇게 말할 수도 있다고 생각한다. 자본주의 체제가 되면서 교육이란 산업 인력을 공급하는 역할을 수행하고 있으니 말이다.

오래전 어느 대학의 철학과 교수가 한 말이 기억난다. "정치가는 교육자가 되어야 합니다." 정치가가 왜 교육자여야 할까? 그분의 논리는 이렇다. 정치가는 자신이 꿈꾸는 미래 사회가 있다. 적어도 그런 사회를 만들고자 정치를 하는 것이어야 한다. 그리고 그 사회가 이루어지기 위해서는, 이루어져서 원활하게 작동하기 위해서는 그 사회의 이상을 공유하고 이에 어울리는 인간으로 성장하도록 해야 한다. 바로 교육이 그런 역할을 담당해야 한다는 것이다.

우리가 학교에서 가르치고 배우는 것이 그런 것 아닌가?

---

3 〈윤석열 대통령의 '반도체 올인', 비수도권이 위험하다〉, 《시사인》, 771호, 2022년 6월 28일.

사회가 민주 사회를 꿈꾼다면 당연히 민주시민교육을 강조하게 되는 것이고, 사회가 인권 의식이 부족한 것을 문제로 여기면 학생들에게 인권교육을 강조해야 하는 것이고, 경쟁적인 사회를 추구한다면 당연히 학교에서부터 치열한 경쟁을 하도록 해야 하는 것이다.

교육과정의 총론도 마찬가지다. 총론에서는 우리나라 교육의 기본적인 가치와 방향, 추구하는 인간의 모습은 무엇인지에 대해 제시하고 있다. 이 교육과정 개정을 둘러싸고 물밑에서는 다양한 논의와 치열한 경쟁이 이루어진다. 즉, 급변하는 사회에서 20~30년 뒤에 우리 사회에서 주축이 될 청소년들에게 어떤 가치를 전달하고 어떤 역량을 키워 줘야 하는지 고민하고 결정하는 것이다. 이런 것을 결정하기 위해서는 더 근본적인 질문을 해야만 한다. 우리 사회는 어떤 가치를 가지고 미래를 바라봐야 하는가, 미래 사회에서 우리가 살아가기 위해서는 무엇을 알아야 하고 어떤 능력을 필요로 하는가 등의 물음이다.

그런데 이런 말들이 너무 거창하기만 하면 사람들의 삶과 유리된다. 그래서 그동안의 교육이 지식 따로, 행동 따로가 된 것은 아닌가 싶다. '성실', '노력', '정직'과 같은 가치는 삶과 얼마나 연계되어 있을까? 교육은 자신의 삶으로부터 시작되어야 한다. 나 자신의 삶과 우리 가족의 삶, 그리고 주변 사람들의 삶을 통해서 다시 자신의 삶에 대해 가치와 방향을 고민토록 해야 한다. 그동안 우리 교육은 삶의 모습을 담아내지 못했다. 아니, 자신과 부모의 삶을 부인하고 거부하게 만드는 교육을 해 왔다. 그 삶은 '일'에서부터 시작한다. 다시 말해 거의 대부분의 삶은 '노동'을 기반으로 이루어지는데, 우리 교육에서 노동은 없었다.

우리 사회의 경제 활동 인구 10명 중 7명 이상은 임금을 받아 살아가는 임금 노동자이다. 그렇다면 노동교육을 강조하고, 노동조합에서도 노동교육에 관심을 가지는 것은 지극히 당연한 것이다. 오히려 노동조합에서 노동교육에 관심을 가진 것이 너무 늦지 않았나 싶을 정도이다.

노동교육은 왜 필요한가

2021년 5월, 평택항에서 일하던 한 노동자가 산업 재해로 목숨을 잃었다. 고 이선호 님이다. 그의 아버지도 같은 일을 하고 있었는데 언론과의 인터뷰에서 이렇게 말했다.

"저는 '그 회사'에서 8년간 일용직 노동자로 일했습니다. 전 이런 일용직이어서 당연히 이 일(일용직)을 해야만 하는 줄 알았습니다. (하지만) 노동법에는 이렇게 일용직을 8년간 시키면 안 된다고 써 있었습니다."[4]

노동의 권리와 노동자의 목숨은 그 무엇과도 바꿀 수 없는 소중한 것이다. 「근로기준법」은 전태일 시대나 지금이나 별 차이가 없다. 전태일 시대의 법전은 한문투성이라 읽기가 어려웠을 수도 있지만, 지금은 스마트폰에서 언제든 확인해 볼 수 있다. 여기서 알 수 있는 것은, 아무리 훌륭한 「근로기준법」이라 하더라도 교육이 없이는 의미가 없다는 것이다.

노동교육이 필요한 이유를 시야를 넓혀서 몇 가지 더 살펴보고자 한다.

박근혜 대통령 퇴진 촛불 집회 이후 얼마 안 되어 2018년에는 우리나라의 양대 항공사 직원들이 집회를 하였다. 그런데 이 집회의 모습이 여느 집회와는 달랐다. 집회에 참

---

4 "고 이선호 父 "8년간 일용직… 이 일이 당연한 줄 알았다"", 〈서울경제〉, 2021년 5월 22일.

〈노동교육이 필요한 이유〉

1. 청소년은 지금 노동을 하고 있다	
2. 노동인권에 대한 의식 향상	• 노동자들의 생명을 지키기 위해 • 직장 내의 괴롭힘 방지 및 노동인권 보호
3. 노동에 대한 사회적 인식 개선	• 노동은 인간 존엄성을 말한다 • 사회 갈등의 평화적 해결 모색 • 사회 현상의 밑바탕에는 노동 문제가 있고, 노동과 연관되어 있다 • 노동 현장은 민주주의 실천의 장이다
4. 노동교육이 인간의 미래다	• 우리 사회는 노동 존중 사회로 변화해야 한다 • 4차 산업 혁명의 시대에 노동의 가치를 고민해야 한다
5. 교육의 이상 실현과 균형적인 시각	• 교육과정 총론의 실현 • 배움에서의 균형적인 시각

석한 이들이 모두 가면을 쓰고 있었던 것이다. 집회 장소에 모여서 가면을 쓴 것이 아니고 집회 장소로 이동할 때부터 가면을 쓰고 이동하였다는 기사를 읽은 적이 있다. 1980년 대 군부 독재 시절 최루탄과 백골단이 있을 때에도 집회를 하던 이들이 가면을 쓴 적은 없었다. 그런데 민주주의 사회라고 불리는 대한민국에서 이런 일이 생길 것이라고 상상도 못했다.

이 사진을 학생들에게 보여 주며 물었다. "이분들은 왜 가면을 쓰고 집회를 할까?" 학생들은 퉁명스럽게 답한다.

"찍히잖아요." 그렇다. 찍힐 것이 두려웠기 때문이다. 한번 찍히면 피곤해지고, 심지어 짤릴 수도 있다는 것을 잘 알고 있기 때문이다. 이 집회에 참석했던 노동자들 중에는 촛불 집회에 참석했던 이들도 있을 것이다. 대통령에게도 잘못 했으면 물러나라고 외치던 노동자들이 왜 회사의 회장에 게는 말을 하지 못할까? 비단 이 회사만의 문제는 아니다. 교사도 마찬가지이다. 교직원 회의에서 관리자의 생각에 반하는 의견을 말하는 것이 얼마나 어려운지를 생각해 보 면 충분히 이해할 수 있다.

그런데 잘 생각해 보자. 우리가 하루를 살면서 눈을 뜨 고 생활하는 시간 중에서 가장 오랜 시간을 보내는 곳이 어디인가? 집인가? 아니다, 일터이다. 일터에서 가장 많은 시간을 보내고 있다. 그런데 그 일터가 민주적이지 않다면? 그래서 늘 긴장하고 억눌리면서 생활을 할 수밖에 없다면 우리의 삶이 행복해질 수 있을까? 성희롱이나 갑질도 직장 에서의 권력 구조나 민주성과 깊은 관련이 있다. 우리 사회 의 민주주의의 발전을 위해서라도 일터에서의 민주주의가 실현되어야 하고, 이에 대한 교육이 어릴 때부터 이루어져 야 한다.

예를 하나 더 들어 보자. 학교교육의 방식에 변화가 필요하다는 이야기를 많이 한다. 그래서 혁신학교니 행복학교 니 하며 다양한 시도를 해 왔다. 하지만 그러한 교육 개혁 은 늘 입시 앞에서는 꼬리를 내리고 있다. 입시의 벽을 돌 파할 방안이 있을까 의문이 들 정도이다.

이미 대학 입학 정원의 수가 고등학교의 졸업생 숫자 보다 많아서 이론적으로는 고등학교 졸업자 전원이 대학 에 입학할 수 있음에도 불구하고 이렇게 입시가 치열해지 는 이유는 뭘까? 입시의 뒤에는 대학의 서열화가 있다. 상 위 서열의 대학을 졸업할수록 취업이 더 잘될 것이며, 더 높은 연봉을 받을 가능성이 높고, 비정규직보다는 정규직 이 될 가능성이 더 높고, 노동 환경이 더 좋은 곳에 취업할 가능성이 높다는 것을 누구나 알고 있다. 그럼 당연한 것 이 아닌가? 그 경쟁에 뛰어들어서 더 높은 곳에 위치한 대 학에 들어가려고 하는 것은.

그런데 생각을 조금만 바꾸어 보자. 정규직과 비정규 직의 차별을 없애고, 남녀 간의 차별을 없애고, 노동 환경 에서의 차별을 없애고, 5인 미만 사업장의 노동 환경을 개 선하고, 소위 4대 보험의 차별적 적용을 없애고, 사회 보 장 제도를 비롯한 각종 제도에서의 차별을 없앤다면 대학 의 서열화가 지금처럼 기승을 부릴까? 아래쪽 서열에 위치한 대학에 진학해도, 아니, 고등학교 졸업만 해도 직장을 구하는 것이 크게 어렵지 않고, 결혼을 해서 가정을 꾸리고 살아가는 데 크게 어렵지 않다면, 비록 떵떵거리며 살지는 못하더라도 그럭저럭 살아갈 수 있다면 굳이 입시 경쟁에 뛰어들까? 너무 해결하기 어려운 문제라고? 아니다. 우리 부모 세대들은 대학에 진학하지 않아도 잘 살았고, 1980년대까지만 해도 대학 진학률이 1/3 정도밖에 되지 않았다. 교육의 문제는 교육의 문제만으로 해결할 수 없다. 그 이면에는 노동의 문제가 숨어 있다. 노동의 시선으로 교육을 바라본다면 현재 무엇을 해야 하는지가 명확해질 수가 있다.

노동은 교육과만 연결되는 것은 아니다. 마을, 지역과도 관련이 있다. 지방은 인구 감소로 몸살을 앓고 있다. 어쩌면 당연하다. 지역에 있던 일자리가 줄어들고 일부 지역으로 집중되고 있기 때문이다. 어느 지역에서 태어나 그 지역에서 학교를 다니고 그 지역에서 일하며 살아가는 구조가 깨졌다. 대학을 진학하는 때부터, 이르면 고등학교 진학부터 타지로 나가야만 하는 상황이 발생하였고, 이렇게 마을과 지역을 떠난 사람들은 다시 그 지역으로 돌아오지 못한다. 그 중요한 이유도 결국 일자리이다. 그리고 임금을 비롯한 노동 환경의 열악함 때문이다.

　이처럼 우리가 사회에서 부딪히는 문제들 중에 상당수
는 노동과 관련이 있다. 즉, 노동의 문제가 해결되지 않으면
근본적으로 해결이 불가능하다는 것이다. 노동의 시선으
로 세상을 바라보도록 알려 주어야 하고, 그렇게 하기 위한
체험을 해 봐야 한다.

　요즘은 특히 더 미래 사회에 대한 걱정과 희망이 혼재
한다. 그런데 미래 사회를 걱정하는 가장 커다란 이유 중
하나는 역시 노동이 아닐까? 자동화나 로봇 덕분에 인간
이 피곤한 노동으로부터 벗어나서 취미 활동과 자아실현
을 할 시간을 확보할지, 아니면 로봇에게 일자리를 빼앗기
고 빈곤의 나락으로 들어갈지가 문제다. 미래는 현재의 우
리가 만들어 가는 것이라고 하였다. 결국 우리가 미래 사
회에서의 노동을 어떻게 그릴 것이냐에 따라서 달라질 수
있다는 것이다. 그래서 미래 노동에 대한 고민과 논의가 이
루어져야 한다. 이런 것들이 노동교육을 통해서 다루어져
야 한다. 이것이 삶으로서의 교육이 아닐까?

넘어야 할 산은 많아도

다행히 2021년 11월, 교육부에서 발표한 〈2022 개정 교육과정 총론 주요사항(시안)〉에서는 '일과 노동에 포함된 의미와 가치'를 교육 목표에 반영하는 방안을 검토하겠다고 하였다. 초·중등의 각 교과에서는 노동의 의미와 가치를 반영하기 위해 각론 연구를 하고 있는 것으로 알고 있다. 한편, 특성화고에는 전공 영역이 몇 가지 있다. 예를 들면 공업 계열, 상업·정보 계열, 농업 계열, 가정·가사 계열이 있는데, 다양한 계열에서 공통으로 이수하는 전문 공통 과목을 기존의 1과목에서 3과목으로 늘리면서 '노동인권과 산업안전보건'이라는 과목을 신설하기로 하였다. 아마도 특성화고 학생들이 노동인권과 산업 재해 문제에 더 밀접할 것이라고 생각했기에 과목을 새로 만들기로 한 것 같다. 하지만 아직 넘어야 할 산은 많다.

노동교육은 관점도 중요하다. 기존의 교과서(사회, 특성화고 일부 과목 등)에서는 노동이 단편적으로 다루어지기도 하였다. 다루는 양이 적은 것도 문제지만, 누구의 관점에서 서술하는가 역시 중요하다. 현재 일부 교과서에서는 '노동'이 아니라 '근로'라는 단어를 써야 한다고 하는가 하면, 노동조합을 부정적으로 묘사하기도 하였다. 개정 교육과정에서는 노동을 어떤 관점으로 바라보는지가 중요한 사항이 될 것이다. 경영과 관련된 부문의 내용은 경영의 입장에서 서술하는 것이 당연하듯이, 노동교육은 당연히 노동의 입장에서 서술되어야 한다. 하지만 이것이 얼마나 관철될는지는 아직 미지수이다. 또한 노동인권이라는 이름하에 「근로기준법」을 중심으로 노동자의 법적 권리 몇 가지만 알려주는 것으로는 앞서 말한 노동교육의 근본적인 목적을 다하지 못한다. 얼마나 노동교육의 영역을 확장하게 될 것인지가 또 하나의 산이 될 것 같다.

노동교육을 주장하면서 가장 걱정이 되는 것은 바로 교사의 역량 강화이다. 교사들에게 노동교육이 필요한가 물으면 대부분은 필요하다고 답한다. 그런데 아마도 그 뒤에 생략된 말은, "노동교육이 필요한데, 내가 담당을 하는 것은 힘들어" 아닐까. 실제로 노동인권 과목을 2~3년간 운영해 본 교사들의 이야기를 들어 보니 과목을 담당하는 교사의 역량이 매우 중요하다. 단순히 연수 몇 시간 받고 수업을 맡아서는 안 된다. 자격 연수에 준하는 연수가 필요하고, 일부 과목처럼 수업 시수가 부족한 교사들의 시수를 맞춰 주기 위해서 수업을 나눠 가져서도 안 된다. 하나의 독립된 과목으로서 '노동인권과 산업안전보건'을 담당하는 교사를 양성해야만 한다. 그래야만 노동교육이 그 목적을 이루고 교육 효과를 낼 것이다.

이처럼 노동교육은 과거에 비해 좀 더 진지하게 논의되고 학교 현장에도 뿌리내리려 하고 있다. 하지만 노동교육이 교육과정에 들어가는 것은 아직도 버거운 과업이고, 제대로 된 노동교육을 위해서는 아직도 해결하고 극복해야 할 과제가 많은 것 같다. 그동안 많은 선배, 동료 교사들의 헌신적인 노력과 학교 밖에서 애정 어린 눈으로 지속적인 관심과 지원을 마다하지 않은 분들 덕분에 여기까지 왔다. 그분들의 노력과 활동으로 나머지 산들도 거뜬히 넘을 것이라 믿는다.

사회적경제교육이
자본주의 교육의 대안이 되려면

– 연대와 상호성, 호혜를 배우는 교육이 필요하다

·
·
·

《오늘의 교육》 2022년 11·12월

진냥(희진)
jinnyang3@gmail.com
《오늘의 교육》 편집위원,
경남 지역 초등 교사

'사회적 경제'는 언젠가부터 우리 주변에서 드물지 않게 볼 수 있는 말이 되었다. 사회적 기업이나 사회적 협동조합 같은 말들은 길거리 간판에서도 종종 볼 수 있다. 개인적으로 '교육공동체 벗'을 모르는 사람에게 설명할 말이 마땅찮을 때, '출판협동조합'이나 '지식협동조합'이라는 말을 빌려 설명하기도 한다. 하지만 '사회'라는 말도, '경제'라는 말도 익숙하면서도 범위가 매우 큰 개념들이고, 특히 경제는 그 자체가 굉장히 사회적 개념이기 때문에 '사회적 경제'의 의미가 바로 명확하게 떠오르지 않거나 오해되는 경우가 많다. 뭔가 얼추 사람들이 모여서 좋은 일을 하는 것 정도로 이해되기도 하는 것 같다.

그래서일까? 최근 여러 지역에서 '사회적경제교육'이 시도되고 있지만 여전히 그 의미는 모호하다. 시도된 역사가 짧아 평가할 만한 거리가 축적되지도 않았다. 그럼에도 사회적 경제 자체가 시장 경제에 대한 대안으로 등장한 것이기에, 자본주의 교육을 비판하는 논의에서 사회적경제교육에 대한 검토를 빼놓기는 어렵다. 그래서 질문해 보았다. 지금의 사회적경제교육은 자본주의 교육의 대안이 될 수 있을까?

무한한 욕망의 추구를 정당화하는 교육

일반적으로 경제교육은 학생들이 삶에서 경제 현상을 이해하고 합리적인 의사 결정 능력을 지니도록 하는 교육을 말한다. 여기서 합리적 의사 결정이란 시장 경제 체제 내에서 경제적 논리에 따라 합리적으로 결정한다는 것이다.[1] 제도권 교육과정에서 가장 처음 등장하는 초등학교 4학년 2학기 사회과에서 합리적인 선택의 기준은, 소비 주체의 만족감 그리고 돈 또는 자원에 대한 낭비가 없는가 하는 두 가지로 제시된다. 우리는 이 두 가지 기준을 합친 말을 이미 잘 알고 있다. '가성비'. 즉 최소 비용으로 얻는 최대 효용이라는 시장주의적 기준을 현재의 경제교육은

---

[1] 김혜원(2015), 〈초중등학교에서의 사회적 경제 교육 방식에 대한 연구〉, 《사회경제평론》, 28(2), 205~238쪽.

기초로 삼고 있다.

경제 활동에서 선택이 중요하다는 것은 수업을 통해 알려 주지 않더라도 대부분의 학생이 잘 알고 있다. 초등학교 4학년 학생들은 이미 10년 안팎의 경제 활동 유경험자들이다. 그들은 가용 가능한 경제 규모 안에서 자신의 욕구를 포기해 본 경험을 이미 많이 가지고 있고, 원하는 무언가를 얻기 위해 무리해서 비용을 치른 후 나중에 후회해 본 경험을 가지고 있다. 굳이 알려 주지 않아도 학생들은 무언가를 원하는 마음과 자신이 지불해야 하는 대가를 저울질하는 것에 익숙하다.

학교의 수업에서 다루어지는 내용은 공식화된 지식이고 권력을 가진 지식으로서 정당화된다. 이런 교육과정 내에서 '최저임금으로 한 달 살기 프로젝트' 같은 수업을 해 보면 학생들은 너무 손쉽게 '굶기'를 선택한다. 각종 복지 제도나 임금 협상, 파업권 등에 대한 수업을 하고 나서 이 수업을 해도, 1주 6끼 이상 2,000원 이하의 끼니를 먹었을 경우 건강이 나빠져 입원하는 등 병원비 부담이 크게 드는 이벤트를 발생시켜도 학생들이 가장 손쉽게 하는 선택은 식비 절감이었다. '합리적인 선택'이라는 말은 자신의 만족을 위해 높은 대가를 치르는 것이 '합리적'이며, 또한 대가를 치르지 못한다면 무언가를 얻지 못하는 것이 '합리적'이라는 것을 공인하는 과정이다.

인간으로서의 존엄을 포기하는 것은 합리적 선택이 아니라는 것, 우리 사회의 그 누구도 인간으로서의 존엄을 포기하지 않도록 하는 조건을 고민하는 것, 합리적이지 않더라도 모두에게 보장되어야 할 자원이 있다는 것, 얼마든지 값을 치를 만큼의 자원을 가지고 있는 사람이라 하더라도 가질 수 없는 것이 있다는 것은 경제교육에서 다루어지지 않는다. 겨울철 옆집의 난방비와 내가 가지고 싶은 사치품에 쓰는 비용은 만족감이라는 기준에서는 비교가 불가능하다. 지나친 비용을 지불하는 것이 아니라면 얻을 수 있는 만족감의 크기와 양상은 개인적 선택의 영역이다. 공공선을 위한 경제적 선택도 무한한 욕망의 추구도 개인의 선택에 맡겨져 있다.

다시 말해, 지금의 경제교육은 경제를 교환 중심의 시장주의로 설명하고, 시장화할 수 있는 것과 해서는 안 되는 것의 경계를 사라지게 만든다. 과거에는 대동강 물을 판 봉이 김선달이 말도 안 되게 웃기는 이야기였을지라도 지금은 훌륭한 사업가 스토리가 될 수 있는 셈이다.

사회적경제교육의 도입

사회적경제교육은 시장 논리에 따른 의사 결정의 한계를 깨닫게 하고 공동체를 위한 협동과 연대의 가치, 공유와 신뢰의 가치를 중심에 두는 교육 활동을 중요시한다. 그래서 사회적경제교육은 경제 문제 해결을 위해 협동과 연대의 가치에 기초하거나 사회적 경제 조직을 활용하여 문제를 해결하고 참여하도록 돕는 교육이라는 점에서 전통적인 경제교육과 차별성을 가진다. 현재 국가 수준 교육과정은 시장 경제 중심으로 구성되어 있으며, 사회적 경제의 원리나 가치에 대한 교육 기회는 제공하고 있지 않다.[2]

이에 대한 문제의식에서 몇몇 시·도교육청에서 사회적경제 관련 교육 사업 및 교재 개발 등을 추진하였다. 그러다 본격적으로 전국의 교육청이 사회적경제교육 활성화 사업을 시작하게 된 계기는 2018년 7월 3일 국무회의에서 발표된 〈사회적경제 인재양성 종합계획〉이다. 이 계획은

---

2 한보라(2018), 〈사회적경제교육 교재의 내용구성 및 활용실태 : 서울시 초등학생용 교재를 중심으로〉, 서울교육대학교 교육전문대학원 석사 학위 논문.

2017년 10월에 발표된 〈사회적경제 활성화 방안〉 후속 대책의 일환으로 노동부 등 12개 부처가 합동으로 마련한 인재 양성 분야 세부 실행 대책이다.[3]

　이 중 초·중등 교육과정에 적용되는 정책은 크게 두 단계로 제시되었다. 1단계로는 그동안 일부 시·도에서 인정 도서로 개발해 활용하던 '사회적 경제' 보조 교재와 교수 자료를 교육부 차원에서 개발하여 보급하고, 선택 과목 개설을 지원하기로 한 것이다. 그리고 사회적 경제 연구 학교도 운영하고, 관련 연수와 체험 학습, 동아리 활동, 학습 모임, 학교 협동조합도 활성화하기 위해 지원하는 것이 내용이다. 2단계는 차기 교육과정 개정 시 사회, 도덕, 통합 사회 등 초·중·고 학교 급별 필수 과목에 사회적 경제 내용을 반영한다는 것이었는데, 이는 2022 교육과정 개정 과정이 끝나지 않아 아직 판단하기 이르다. 현재 시점에서는 1단계 정책이 시행되고 있고 이에 따라 전국 시·도교육청들은 사회적경제교육 활성화 사업을 운영하고 있다. 대학에서도 공공인재학부 등 협동 과정을 만들어 운영 중이다.

---

3 "'사회적 경제' 필수 과목에 반영", 〈한국교육신문〉, 2018년 7월 6일.

사회적경제교육의 가능성

사회적 경제는 경제 및 사회를 운영하는 대안적 시도이
자 교육적으로도 큰 가치가 있는 접근이다. 사회적 경제
란 공공의 이익이라는 사회적 가치를 실현하기 위하여 협
력과 호혜를 바탕으로 생산, 교환, 분배, 소비가 이루어지
는 경제 시스템[4]으로서, 이는 공동체를 위한 목표와 자율
적인 운영, 민주적인 의사 결정, 수익의 배분에서 자본보다
사람을 우선하는 등의 규범을 갖는다.[5] 사회적 경제는 구
성원 간의 협동과 상생을 통하여 개인과 공동체 모두의 이
익을 추구한다는 점에서 시장 경제의 한계를 보완할 수
있다.[6] 또한 이기적인 인간이 아닌 이기적이면서도 이타적
인, 즉 상호적인 인간을 가정함으로써 전통적인 경제학에
서의 '합리적 인간'을 반박한다.[7] 민주 시민 양성을 목표로
하는 교육에서 상호적인 인간을 가정하고 협동과 상생의

---

4 「경상남도 사회적 경제 육성 및 지원에 관한 조례」 제2조.
5 주성수(2010), 《사회적 경제 : 이론, 제도, 정책》, 한양대학교출판부.
6 서울시사회적경제지원센터(2016), 〈서울시 사회적경제 활성화 정책 5년
성과 및 향후 과제〉.
7 한보라(2018), 앞의 논문.

전략을 추구하는 사회적 경제는 많은 부분 그 지향을 공유한다. 사회적 경제를 구현하는 대표적인 형태가 협동조합이라고 할 수 있는데, 국제협동조합연맹에서는 협동조합의 원칙을 다음의 일곱 가지로 제시하고 있다.

- 조합원의 참여는 자발적이고 개방적이다. 협동조합은 자발적인 조직으로 조합원에게 책임을 다할 의지를 가지고 성적, 사회적, 인종적으로 차별 없이 열려 있어야 한다.
- 민주적으로 운영된다. 조합원들은 정책 수립과 의사 결정에 참여하며, 선출된 임원들은 조합원에게 책임감을 가지고 봉사하여야 한다.
- 경제적으로 공동 소유하고 공동 이용한다.
- 자율적이고 독립적으로 운영된다.
- 교육과 훈련 및 정보를 제공한다. 조합원, 선출 임원, 경영자, 직원 등이 협동조합의 발전에 효과적으로 기여하도록 교육과 훈련을 실시하고, 공유 가치의 확산을 통해 집단 정체성을 높일 뿐 아니라 기술적 수준도 높여서 생산성을 증가시켜야 한다.
- 협동조합은 서로 협동한다. 신뢰를 형성하는 네트워크

를 형성하여 외부성을 증가시킨다.

• 지역 사회에 기여한다. 협동조합은 조합원의 동의를
얻은 정책을 통해 조합이 속한 지역 사회의 지속 가능
한 발전을 위해 노력하여야 한다. 간접 상호성과 네트
워크 상호성을 촉진시키며 사회적 경제 생태계를 형성
하고 발전시킨다.[8]

이 원칙들은 민주시민교육이 지향해 온 가치들과 크게
다르지 않다. 그도 그럴 수밖에 없는 것이 어떻게 자원 및
가치를 생산하고 배분하고 이용할 것인가는 경제의 영역
이기도 하지만 정치의 영역이기도 하기 때문이다. 사회적
경제는 '이기적이고 합리적인 인간' 간의 '경쟁' 사회가 아
니라 민주적인 의사 결정 구조와 공동체를 만드는 과정을
중요한 조직 원리로 강조한다. 따라서 사회적 경제의 본질
은 인간과 인간의 교류와 상호 연대 그 자체의 성질을 자본
주의적 시장 경제의 관점과는 다르게 바라보는 것에 있다
고 할 수 있다.

---

8 정태인·이수연(2013), 《정태인의 협동의 경제학 – 사회적 경제, 협동조합
시대의 경제학 원론》, 레디앙.

본질이 사라진 사회적경제교육

박도영·김혜원(2016)은 사회적경제교육의 내용 체계를 다음 쪽의 표와 같이 제시했다.[9]

다소 긴 박도영·김혜원(2016)의 표를 전체 인용한 것은 이 표의 내용에 상당 부분 동의하기 때문이기도 하고 구체적으로 어떤 내용을 사회적경제교육이라고 부르는지를 밝히고 싶어서이다. 현재 사회적경제교육에서는 학생들의 사회 참여 활동과 '윤리적 소비자 되기 교육'이 사회적경제교육과 구분되지 않고 쓰이는 경우가 빈번하다.

사회적경제교육이 창업교육과 같은 양상을 가질 때도 종종 있는데, 이는 사회적경제교육 확산의 계기가 된 것이 정부의 인재 양성 정책이라는 점에 일부 원인이 있다. 공공부문 일자리 만들기 정책과 연계되어 인재를 양성하겠다는 정책은 사회적경제교육의 본질, 즉 사회 구성 원리나 공동체, 연대, 상호 부조 같은 내용들을 다루지 않게 했다. 대신 사회적 기업이나 협동조합을 설립하는 절차를 배우고

---

9 박도영·김혜원(2016), 〈「사회적경제 교육표준안」 활용 해설서〉, 한국사회적기업진흥원.

〈사회적경제교육 내용 체계〉

대영역	중영역	성취 기준
사회적 경제의 의미와 역사	1. 사회적 경제의 의미와 필요성	• 경제 영역에서 시장과 정부 이외의 영역이 존재함을 인식하고, 그 경제 원리를 사례를 통해 파악한다. • 제3부문, 시민 사회, 사회적 경제 개념의 공통성과 차이점을 이해한다. • 사회적 경제를 구성하는 핵심 원리를 이해하고 그 특징을 사회적 경제의 의미와 역사 사례를 통해 분석한다. • 사회적 경제가 추구하는 가치(호혜, 연대, 협동 등)를 이해하고 그것을 함양할 수 있는 태도를 갖는다.
	2. 사회적 경제의 태동과 발전	• 19세기 시장 경제로 인한 시대 상황을 이해하고, 사회적 경제의 등장 배경을 탐구한다. • 20세기 복지 국가와 신자유주의가 사회적 경제에 미친 영향을 탐구한다. • 21세기 사회적 경제가 각국에서 새롭게 주목받고 있는 이유를 탐색한다.
사회적 경제 기업의 운영 원리와 사회 경제적 영향	3. 사회적 경제 기업의 운영 원리와 유형	• 사회적 경제 기업의 사례를 조사하고, 사회적 목적 추구와 민주적 참여를 통한 운영 원리를 이해한다. • 사회적 경제 기업이 사회적 목적을 달성하면서도 지속 가능성을 유지하는 것이 중요한 이유를 이해한다. • 사회적 기업, 협동조합, 마을 기업 등 다양한 사회적 경제 기업 유형 간의 공통점과 차이점을 설명한다.
	4. 사회적 기업, 협동조합, 마을 기업 등의 활동 사례와 사회 경제적 영향	• 사회적 경제가 일자리 창출, 빈곤 해소 및 시장 기회의 창출에 미치는 영향을 사례 분석을 통해 탐구한다. • 사회적 경제가 공공 서비스 제공, 공동체 복원, 환경 보호에 미치는 영향을 사례 분석을 통해 탐구한다.
	5. 사회적 기업가 정신과 사회적 혁신	• 사회적 기업가 정신의 의미를 이해하고, 이를 함양하는 태도를 갖는다. • 사회적 기업가의 사회 혁신 사례를 조사하고, 사회적 가치 창출을 위한 실천 방안을 탐색해 본다. • 사회적 문제를 해결할 수 있는 사회적 경제 기업 설립을 계획하고 실현 가능성을 토의한다.

시민 참여와 사회적 경제의 발전	6. 사회적 경제 활동의 실천과 참여	• 윤리적 소비 등과 같은 개인의 실천과 참여가 사회적 경제를 강화하는 원리를 이해한다. • 공공 부문과 기업의 구매 결정에서 사회적 책임 구매의 필요성을 이해한다. • 투자자의 선택에서 이타심과 협동의 원리가 작용하는 사례를 조사하고 윤리적 투자의 의미를 파악한다. • 기업의 사회적 책임 활동(CSR)과 사회적 경제의 연관성을 탐구한다.
	7. 사회적 경제의 촉진과 미래 사회	• 사회적 경제를 활성화하기 위해 사회적 금융이 필요함을 이해한다. • 사회적 경제를 활성화하기 위한 우리나라의 제도 및 정부 정책을 조사하고 이를 외국과 비교한다. • 사회적 경제를 활성화하기 위해 필요한 정부, 지방자치단체, 시민단체, 기업의 역할을 조사하여 토의한다.

실제로 판매해서 수익을 남기는 체험 위주로 사회적경제교육이 학교 현장에 자리 잡게 되었다.

사회적 기업에 소속된 노동자가 많아지면 우리 사회는 자본주의에 대항할 수 있을까? 사회적 경제의 원리나 가치를 배우지 않는 사회적 기업 만들기 교육이 자본주의적 창업교육과 구별될 수 있을까? 사회 문제를 해결하는 아이템을 만든다 하더라도 그 기업의 운영이 사회적 경제의 원리를 따르지 않는다면 사회적 기업이라 말할 수 없다. 이렇게 변질된 사회적경제교육에서 여전히 인간은 자신의 만족감을 위해 합리적인 선택을 하는 개인일 뿐이다.

사회적경제교육이 대안이 되기 위해서는

사회적경제교육이 자본주의 교육의 대안이 되기 위해서는 이기적인 인간들의 합리적인 선택이라는 신화를 깰 수 있어야 한다. 그러기 위해서는 상호적인 인간들의 호혜적인 선택을 학습자로 하여금 경험하고 실천할 수 있게 하는 사회적경제교육이 필요하다.

사회적 경제는 '제3섹터'라는 말로 불리기도 한다. 박도영·김혜원(2016)의 표에도 "제3부문, 시민 사회, 사회적 경제 개념의 공통성과 차이점을 이해한다"라는 내용이 있다. 이 부분이 사회적경제교육이 자본주의 교육의 대안이 되기 위해 주목해야 할 부분이다.

'제3'이라는 말은 '제1'과 '제2'가 존재한다는 것을 전제하며 보통 제1섹터는 정부이고 제2섹터는 시장을 의미한다. 따라서 제3섹터는 정부와 시장이 모두 미덥지 않아서, 즉 정부 실패와 시장 실패 때문에 등장하게 된 대안적 영역이다. 정부나 국가, 공공 기관은 아니지만 공공성을 추구하는 조직과 단체 및 사회적 영역, 사적 이윤의 극대화를 추구하지 않고 위험 부담을 개인이 모두 감당하지 않는 영역, 즉 자본과 권력으로부터 독립적인 영역이다.

자본주의는 자본만으로 유지되지 않는다. 자본주의는 자본 축적을 보호하는 권력과 그를 정당화하는 이데올로기로 유지된다. 교육이 자본주의의 대안이 되기 위해서는 자본으로부터의 독립뿐만 아니라 권력으로부터의 독립 역시 실천해 낼 수 있어야 한다.

이는 교육이 정치적으로 중립성을 가져야 한다는 의미가 아니다. 제3섹터의 존재를 학습자가 감각하게 하는 교육이 필요하다는 의미다. 권력에 신고하고 민원을 넣는 방식이 아니라 연대를 통해 권력과 대등하게 논의하는 경험, 서비스를 구매하는 방식이 아니라 상호 호혜로 필요를 충족해 나가는 삶, 교육과 적절한 정보 제공을 통해 공동체의 수준이 높아지고 그 과정을 통해 모두의 생산성이 높아지는 사회적 경제 조직의 원리를 경험하게 해야 한다는 의미다.

경제는 먹고 살고 돈을 벌고 쓰는 것만을 의미하지 않는다. 실제적인 삶을 구성하고 영위하는 구체적 행위 하나하나가 조직된 총체가 경제다. 삶을 구성하고 영위하는 그 행위가 가진 사회적 의미를 복원하는 것이 자본주의 교육의 대안일 수 있을 것이다.

3부

학교는
어떤 곳이어야
하는가

직업에는 귀천이 없다고
부끄러움 없이 말하고 싶다

– 학교 안 노동의 위계를 없애는 것이 출발점이 되어야

·
·
·

《오늘의 교육》 2022년 7·8월

이윤승
《오늘의 교육》 편집위원,
서울 이화미디어고 교사

작년 어느 날이었다. 아직 더위가 가시지 않은 가을 오후, 점심을 먹으러 식당을 가는 길에 한 교사가 이야기를 꺼냈다. 담임인 학급의 학생들과 취업에 대해 상담한 내용이었다. 특성화고에서 일하다 보니 취업에 대한 상담이 많다. 이런저런 이야기를 하다 그 교사의 입에서 놀랄 만한 이야기가 나왔다.

"정말로, 진짜 저는 직업엔 귀천이 없다고 생각해요."

잊고 있던 말이었다. 어릴 때부터 학교에서 늘 듣던 말이기에 자연스럽게 믿었던 말이었다. 정말로 직업에 귀천이 없는 세상을 꿈꾸기도 했다. 하지만 교사가 된 후엔 그 말을 할 수 없었다. 학생들에게 노동에 대해 말하긴 했지만 차마 직업에 귀천이 없다는 말은 하지 못했다. 그런데 그 말을 이렇게 다시 교사의 입을 통해 들을 줄이야. 그런 말을 이렇게 대뜸 해 버리다니, 그에게서 뭔가 열정이 느껴졌다.

내가 그동안 너무 교사들에 대해서 회의적으로만 대했

었나 반성하게 될 만큼 깜짝 놀라고 말았다. 그리고 너무 놀란 나머지 반사적으로 말이 튀어나왔다.

"말도 안 돼. 진짜 그렇게 생각해요? 그 말을 학생이 믿어요? 어떻게 귀천이 없어요. 귀천이 없다고 믿고 싶은 마음인 것도 알겠고 학생들에게 어쩔 수 없이 그렇게 말하는 사정도 이해할 수는 있지만, 그 말이 진심이라고 믿을 수가 없어요."

나를 놀라게 한 교사는 자신은 진짜로 그렇게 생각한다고 다시 한 번 강조했다. 점심시간조차 노동 시간으로 인정받으며 한가롭게 밥을 먹으러 가서 에어컨으로 시원해진 식당에 앉아 조리사분들이 만들어 주신 음식을 먹고 교내 산책길을 따라 초록을 눈에 담고 송골 맺힌 땀을 식힐 겸 교무실에서 아이스 커피를 마실 교사의 모습을 떠올리며 말도 안 된다고 생각했지만, 그 교사는 정말 그렇게 믿고 있었다. 다시 확인하고 싶었다.

"그런데 왜 교사를 했어요? 자신이 교사가 아닌 다른 직업을 한다고 상상할 때, 얼마나 다른 직업들을 떠올릴 수 있겠어요?"

한동안 생각을 하던 그 교사는 대답을 망설였다.

"그렇게 물으니 확실하게 말을 못 하겠네요. 사회적인

위치와 차별은 있지만 모든 직업이 세상에 필요하긴 한데……."

"그와 같은 지위의 차이와 편견, 차별이 존재하는 상황이 바로 직업에 귀천을 나누고 있는 것이 아닌가요?"

학교 안 노동의 위계

꽤 오랫동안 청소년 대상 설문 조사에서 직업 선호도 1위는 교사였다. 그래서 난 학생들과 취업에 관련된 상담을 할 때 직업에 귀천이 없다고 말하지 못한다. 이미 선호받는 직업을 갖고 있는 존재라서 그렇다.

교사들은 가끔 착각한다. 자신들은 의사나 법률가 들에 비해 연봉도 낮고 사회적으로 전문직 대우도 확실히 받지 못하기에 '평균적인 위치'에 있다고 생각한다. 하지만 교사들은 아주 큰 특혜는 아니더라도 사회적으로 혜택을 받는 위치에 있다. 최상위 집단에 비해 연봉이 낮다고는 하지만 교사가 포함된 가구의 평균 소득액은 전체 가구의 평균 소득액보다 많다. 금융 자산의 크기와 비율도 일반 가구에 비해 크고, 중산층 이상의 비율도 교사 가구에서 높게 나타난다. 휴가도 제대로 못 쓴다고 하지만 '41조 연수(「교육공무원법」제41조 연수 기관 및 근무 장소 외에서의 연수)'와 금요일 조퇴를 어떤 직업군보다 잘 활용하고 방학도 있다. 초과 근무도 거의 없고 수당도 정확하게 지급받는다. 다양한 사유를 활용해 필요한 상황에서 휴가나 휴직을 사용할 수도 있다. 대한민국에서 이런 직업은 결코 평균적인 위치라고 할 수가 없다. 그래서 교사인 나는 어떤 일을 하든 학생의 적성이 가장 중요하고 자부심을 가지라고 쉽게 얘기할 수가 없다. 학생의 마음 한구석에 '당신은 교사니까 그렇게 말하는 거지'라는 생각이 자리하고 있을 것만 같다.

내가 그때 그 교사에게 너무 예민하게 반응한 것일 수도 있다. 그때의 상황이 나를 예민하게 만들었다. 학교 비정규직 파업이 있었고 초등 돌봄에 대한 논란이 있었다. 얼마 후엔 교육 행정직과 교사노조 간의 다툼도 있었다. 몇 년 전, 비정규직 교사의 정규직화를 둘러싸고 벌어졌던 논쟁도 떠올랐다. 능력주의, 시험 만능주의가 전면에 등장하며 학교 안의 자본주의가 선명하게 드러났다. 과연 학교 안에서 교사와 교사가 아닌 노동자 사이에 위계가 없다고 할 수 있을까.

오랫동안 '교육공동체'라는 말을 썼지만, 교육공동체의

주축 자리에는 늘 교사들만 있었다. 교원 성과급이 처음 시행될 때 반대 논리 중에 '교육은 교사 한 명이 할 수 없는 일'이라는 내용이 있었다. 지금 생각하면 그 말 속에는 교사가 아닌 학교 안의 노동자는 배제하는 논리가 들어 있었다. 교육은 수업으로만 이뤄지지 않는다는 말엔 교사 대부분이 동의할 것이다. 그렇기에 수업을 하지 않아도 교사라는 정체성을 가질 수 있기도 하다. 수업을 하지 않을 수도 있는 사서 교사, 보건 교사의 경우가 그렇다. 학교에서 도서관을 관리하는 일과 학생의 건강과 학내 보건을 관리하는 것은 교육의 영역이고, 그 영역의 전문가로서 사서 교사와 보건 교사는 수업을 하지 않더라도 충분히 교사로 인정받을 수 있다. 그렇다면 어디까지 교육의 영역이고 어떤 사람까지 교사라고 볼 수 있을지, 명확하게 선을 긋기가 매우 까다로워진다.

최근 교사 집단에서 나타나는 흐름을 보면, '업무 정상화'라는 이름으로 교사의 업무에서 수업 이외의 것들을 제외시키려고 한다. 오랫동안 관행처럼 내려온 불필요한 업무를 제외시키는 것이라면 매우 필요한 조치이다. 하지만 교사의 업무를 줄인다면서 그 업무를 없애기보다 다른 사람에게 전가하는 부분도 있다. 돌봄과 행정에 대한 부분이 특히 그렇다. 교육 공무직으로 분류되는 학교 회계 직원, 조리원, 돌봄 전담사, 교무 행정 실무사, 사서 보조, 교무 보조 등의 직원들에게 교사가 하던 일들이 넘겨지고 있다.

그런데 기존에 교사가 하던 일이 그들에게 넘어갔다면, 반대로 그들의 일이 교육에서 중요한 부분이라고 볼 수도 있다. 그들 없이는 수업이 존재할 수 없기 때문이다. 만약 교육에서 가장 중요한 부분이 교실 수업이라면, 그 수업을 가능케 해 주는 요소들 또한 교육에서 중요한 부분이다. 무엇이 더 교육에서 중요하냐고 따질 수는 없다.

'다른 노동, 같은 임금'의 학교를 보고 싶다

'이판'과 '사판'은 승려를 분류하는 용어이다. 이판은 주로 참선과 경전 연구, 강론을 하며 포교를 담당하는 승려이고, 사판은 사찰의 업무를 꾸려 가는 행정을 맡는 승려이다. 불교에선 이판과 사판은 어느 한쪽도 없어서는 안 될 상호 관계가 있기에 서로 존중할 때에만 사찰이 유지되고 불법이 널리 퍼진다고 믿었다. 그래서 스님들은 평생 하나만 하는 것이 아니라 이판과 사판을 겸하거나 번갈아 하였다.

사찰의 구조는 학교와 닮아 있다. 불법을 가르치듯 교사들은 교과 지식을 전달한다. 그리고 사찰이 유지되기 위한 행정은 학교를 유지하는 행정과 닮아 있다. 학교도 제대로 유지되기 위해선 수업과 행정의 상호작용이 필수적이다. 그 둘은 무엇이 더 교육의 역할에 가깝냐고 따질 것이 없고 둘 사이에 위계도 있을 수 없다. 하지만 지금 우리의 학교에선 둘의 상호관계가 점점 끊어지는 듯하다. 그리고 끊어지는 만큼 위계도 굳어지고 있다. 교사와 교육 공무직이라는 정규직들의 관계도 그렇지만, 학교의 정규직과 비정규직 사이의 관계는 더 심각할 정도로 나뉘고 있다.

그런데 이런 학교에서 직업의 귀천이 없다고 말할 수 있을까? 말하기 어렵지만, 정말 말하고 싶다. 적어도 학교에서라면 말해야 한다. 교사로서 부끄러움 없이, 기만적이라는 느낌 없이 말하고 싶다. 난 교사로서 학생들의 교육을 위해 수업을 하고 있고 그 수업을 가능케 하기 위한 교육 행정 일도 같이 하고 있다. 나와 같은 마음으로 회계 직원은 학생들의 온전한 교육 활동을 위해 학교 전체 회계를 책임지고 일하고 있다. 그리고 학생들의 건강한 교육 활동을 위해 급식 노동자는 조리원으로서 일하고 있다. 그렇기에 적어도 학교라면, 학생들에게 직업의 귀천이 없다고 말하는 학교라면 학교 안의 모든 노동자에 대한 인식과 지위와 대우가 평등하길 바란다. '동일 노동, 동일 임금'이라는 말을 넘어 '다른 노동, 같은 임금'의 체계가 학교에서만이라도 지켜지는 모습을 보고 싶다.

만약 그럴 수만 있다면 학교라는 공간에서 노동을 교육하는 것이 비로소 가능해질 것이다. 노동을 교육하면서 노동의 위계를 매일 겪는 지금의 학교에선 결국 자본주의적인 취업 교육으로 흐를 수밖에 없다. 돌봄의 행정을 학교가 할 것이냐, 교육청이 할 것이냐를 두고 싸우며 돌봄과 교육을 나누려 하고, 학교 비정규직 노조의 파업에 연대하지 않고 오로지 수업만이 학교의 중심인 것처럼 행동한다면, 학생들 또한 학교의 비정규직 노동자들의 파업을 자기 수업을 방해하는 행위로 바라보게 될 것이다. 누구를 '선생님'이라고 부를지, '교사'라고 볼지에 대해 논하며 '진짜 선생님', '진짜 교사'의 정의를 찾으려고 하는 교사들에게 학생들이 배울 수 있는 것은 전문직 노동자와 육체 노동자에 관한 차별적 시선일 것이다.

그러니 부디 온 사회를 바꾸지는 못하더라도 학교만은 변화되었으면 좋겠다. 온 사회가 직업 간의 연봉과 혜택의 차이를 당연하게 여기고 직업에 귀천을 구분하여 차별적으로 대하는 처참한 상황이더라도, 먼저 학교에서 교육 공동체 구성원들의 귀천과 지위를 나누지 않는 모습을 보인다면 적어도 희망은 가져 볼 수 있을 것 같다. 그것이 노동에 대한 교육의 시작이고 사회 변화의 첫걸음일 것이다.

학교라는 반노동적인
공간에 대한 탐구

- 교사 노동자로서의 성찰을 중심으로

《오늘의 교육》 2022년 7·8월

이영주

전교조 참교육연구소 연구위원,
초등노동교육연구팀 연구원

2019년 4월, 대통령 소속 경제사회노동위원회(경사노위)에서 주최하는 '노동인권교육 강화 방안 모색' 토론회가 있었다. 당시 문성현 경사노위 위원장의 인사말에는 이런 내용이 들어 있었다. "노동인권교육의 강화는 노동 환경과 조직 문화 개선을 통해 보다 쾌적하고 일할 맛 나는 일터를 만들고, 궁극적으로 기업의 지속 가능한 성장과 발전을 견인하는 바탕이 될 것입니다."

우리는 노동교육이 필요하다고 하지만, 동일한 주장을 자본가들도 한다. 한국이라는 극단적 자본주의 사회에서, 자본과 정권은 학교에서부터 노동교육을 하겠다고 선언했다. 국가 교육과정에 들어오는 노동교육은 아마도 우리가 상상하는 그 노동교육은 아닐 것이다.

지난 대선의 윤석열 후보 공약집에는 노동 개악안이 "공정과 상식의 회복, 대한민국 정상화"라 표현되어 있었다. 노동교육은 계급 전쟁이다. 그리고 지금까지도 그러했듯이, 치열한 계급 전쟁이 벌어질 공간은 학교이다.

교사 중엔 더 도덕적인 사람이 많을까

나는 전교조 조합원이라는 이유로 많은 곳에서 전국의 교사를 대신하여 욕을 먹곤 한다. 한번은 어느 언론 노동자가 본인이 경험한 교사들의 문제, 자녀를 키우면서 느꼈던 분노, 학교의 관료주의 등을 긴 시간(!) 끊임없이(!) 쉬지 않고(!) 나에게 이야기하였다. 말하자면 끊임없이 교사 욕을 하였다. 듣고 듣고 또 듣다, 나는 결국 단 한마디로 그의 말을 중단시켰다. "자, 나도 이제 기레기 이야기 시작해 볼까요?"

세상을 바꾸자고 나선 우리는, 어느 순간 그 썩어 빠진 세상에서 고군분투하는 외로운 서로를 공격한다. 정작 적폐의 주범 앞에서는 말 한마디 못 하고, 고생하는 우리끼리 난도질을 한다. 하소연을 들어 줄 거라는 믿음 때문인지, 단지 그 집단에 속한 공격 대상이 필요한 건지는 모르겠다. 자본주의가 낸 상처는 투쟁의 정당성으로 위로한다지만, 우리끼리 만드는 상처는 서로의 삶과 시간을 허무하게 만든다.

최근 식사 자리에서 한 분이 물었다. 예전보다 교사들이 이기적이고 개인적으로 변한 것 같다고. 그 이유가 뭐냐고.

나는 답했다.

"그럴 리가요. 변하지 않았을 겁니다. 잘 생각해 보시면, 예전에도 이기적이고 개인적이었을걸요." 그 대화는 이렇게 이어졌다. "혹시, 중·고등학교 때, 교사를 좋아하셨나요? (아니요.) 그런데, 왜 예전엔 교사가 좋은 사람들이었다고 말씀하시죠? 현재 교사에 대한 기대가 커서, 이성을 마비시킨 걸까요?"

그래도 미련이 남았는지, 그분은, 학생을 대하는 직업이니, 다른 직종보다는 좋은 사람들 아니겠냐고 물었다. "한국에서 교사를 그렇게 선발했요? 가령, 좋은 사람, 도덕적인 사람…… 이런 것이 교사 채용 조건입니까? 아마도 한국 전체 인구 분포와 비슷하게 좋은 교사가 있겠지요. 제 생각에는 좋은 슈퍼마켓 주인과 비슷한 비율이 아닐까 싶습니다."

교사들이 다른 업종보다 좋은 사람이 많다고 한다면, 다른 업종보다 좋은 사람이 적은 업종도 있을 텐데, 그 업종은 과연 무엇일까? 이러한 사고 자체가 노동에 대한 차별과 편견이다. 그 자리에 있던 모두가 함께 웃었다. 특정 직업에 대한 우리의 환상은 얼마나 근거 없는 착각인가! 인간의 문제는 시대의 문제이지, 특정 직업만의 문제일 수

가 없다. 결국, 착하고 좋은 또는 똑똑한 몇몇 개인의 열정
과 자발적 헌신의 노력에 의존하는 것이 아니라, 좋은 교사
가 되도록 하는 학교 시스템을, 모두가 함께 만들어 가야
한다. 이러니저러니 해도, 결국 학교라는 공간에서 학생에
게 가장 영향력이 큰 '교재'는 교사이기 때문이다.

학교라는 공간이 주는 경험, 잠재적 교육과정

2008년 일제고사 저지 투쟁 후, 많은 고민이 생겼다. 배
보다 배꼽이 더 크다고, 꼬리가 몸통을 흔든다고, 한국은 언
제나 평가가 교육을 뒤흔든다. 일제고사는 저지했는데, 그럼
평가란 무엇인가? 교육은 무엇인가? 더 큰 화두가 생겼다.
더 나아가, 학교에서는 교육과정이 목표로 하는 것들, 교과
서에 담긴 내용들을 성실히 교육해도, 학생들은 학교를 졸업
한 이후, 왜 그런 삶을 살지 못하는 걸까? 학생들이 알고 있
는 것과 시험지에 답한 것과 현실에서의 행동은 왜 각각 다
다른 것일까? 교육의 내용은 왜 내면화되지 못하는가? 왜 앎
과 삶이 다른 것일까? 교육 내용을 학생들의 믿음과 행동으
로 이어지지 못하게 방해하는 것은 과연 무엇인가?

사실 최근의 교과서는, 완벽하지는 않지만 생태·인권·평화·노동의 시각을 고루 담고 있다. 10~20년 전에 비하면 놀라울 정도로 민주주의에 관한 내용도 담고 있다. 오히려 우리 사회와 성년들이 교과서의 변화 속도를 따라가지 못하는 경우도 있다. 그런데 왜 학생들은 그렇게 성장하지 못하는 걸까?

교육과정에서 민주주의·생태·인권·평화·노동을 이야기해도, 학생들은 그건 교과서 안에나 있는 이야기이고, 현실은 경쟁에서 무조건 이겨야 하고 결과적으로 성적에 따라 차별과 배분이 이루어지며, 개인에 대한 통제를 받아들이는 게 이롭다는 것을 아주 영악하게 눈치챈다. 교과서보다 더 강력한 것, 교사의 말보다 더 진실된 것, 학생들은 눈에 보이지도 않는 학교의 시스템으로부터 학습한다. 학교라는 공간의 총체적 경험, 바로 잠재적 교육과정이다.[1] 학교에서 교육과정과 충돌하는 잠재적 교육과정은 무엇이 있는지 점검하고, 그것을 다음 쪽의 표로 정리해 보았다.

---

1 이영주(2013), 〈지식은 권력이 아니다〉, 하승우 외, 《상상하라 다른 교육 – 불온한 교사 양성 과정 2》, 교육공동체 벗, 203~205쪽.

〈인권과 협력의 삶을 파괴하는 시스템 점검하기〉[2]

---

1 경쟁, 평가 등의 활동을 통해 학생들이 점점 개인화되지는 않는가?

  ① [^.^] ㅎ 그렇지 않아요!

  ② [-.-;] 내가… 요즘… 그러고 있어요…. ㅠ.ㅠ

    ⇒ 당신에게 권하는 책 《독일 교육 이야기》(박성숙),

    《일제고사를 넘어서》(한국교육연구네트워크)

---

2 학습이 개개인의 능력을 향상시키는 데에만 집중되지는 않는가?

  ① [^.^] ㅎ 그렇지 않아요!

  ② [-.-;] 내가… 요즘… 그러고 있어요…. ㅠ.ㅠ

    ⇒ 당신에게 권하는 책 《서울대학교 학생 선발 지침》(하재근),

    《핀란드 교실 혁명》(후쿠타 세이지)

---

3 학교 안에서 시간과 공간이 분절적으로 운영되지는 않는가?

  ① [^.^] ㅎ 그렇지 않아요!

  ② [-.-;] 내가… 요즘… 그러고 있어요…. ㅠ.ㅠ

    ⇒ 당신에게 권하는 책 《상상력으로 교육에 말 걸기》(송순재)

---

4 교사와 학생, 학생과 학생 간에, 지식이 곧 권력으로 작동되지는 않는가?

  ① [^.^] ㅎ 그렇지 않아요!

  ② [-.-;] 내가… 요즘… 그러고 있어요…. ㅠ.ㅠ

    ⇒ 당신에게 권하는 책 《무지한 스승》(자크 랑시에르)

---

5 모든 활동에서 단계와 절차를 거치도록 요구하지는 않는가?

  ① [^.^] ㅎ 그렇지 않아요!

  ② [-.-;] 내가… 요즘… 그러고 있어요…. ㅠ.ㅠ

    ⇒ 당신에게 권하는 책 《내 영혼이 따뜻했던 날들》(포리스트 카터)

---

6 모두에게, 언제나, 질서가 요구되지는 않는가?

  ① [^.^] ㅎ 그렇지 않아요!

  ② [-.-;] 내가… 요즘… 그러고 있어요…. ㅠ.ㅠ

    ⇒ 당신에게 권하는 책 《철학이 필요한 시간》(강신주)

---

7 모든 학생의 감정과 신체, 생활 태도 등이 동일해지도록 통제하지는 않는가?

  ① [^.^] ㅎ 그렇지 않아요!

  ② [-.-;] 내가… 요즘… 그러고 있어요…. ㅠ.ㅠ

    ⇒ 당신에게 권하는 책 《감시와 처벌》(미셸 푸코)

교사로서 나의 협력 지수는?

① [^.^]이 0개?	② [^.^]이 1개!	③ [^.^]이 2~3개!
음…… 일부러? 책 7권을, 다~ 읽고 싶으신 거죠?? 욕심 많은 그대, 화이팅!!	혹시, 당신은…… 개명을 한 후, 빨간 잠바를 입고 다니시나요??	당신 교실에서 일어나는 혼란은 우리 교육의 희망입니다!
④ [^.^]이 3~4개!	⑤ [^.^]이 5~6개!	⑥ [^.^]이 7개!
우와~! 당신 교실의 학생들은 삶 속에서 인권과 협력을 배우고 있군요!	멋진 당신, 당신의 교실에서 교육 혁명이 시작되고 있군요!!	뻥치지 마!!

자본주의에 순응하는 인간을 만든다

인간은 경험을 통해 학습하고 성장한다. 그런데 모든 국민이 거쳐 가는 전국의 모든 학교에서 거의 동일하게 진행되는 이러한 경험은, 우연히 만들어진 것일까? 이 잠재적 교육과정들은 어떤 인간을 지향하고 있는가? 바로 자본주의에 순응하는 인간이다.

---

2 전국교직원노동조합 서울지부 초등교육연구소 인권평화교육 프로젝트 (2012), 〈인권이 숨쉬는 평화로운 교실 10월호〉.

경쟁적인 평가로 인간을 개인화한다

한국 교육은 경쟁/평가 등의 활동을 일상화하여, 인간을 개인화하고 서열과 위계 등의 차별에 승복하게 한다. 한국 학교에서의 평가에는 크게 세 가지의 특징이 있다.[3]

첫째, 측정을 평가로 착각한다. 시험을 통한 수치화를 평가로 착각한다.

둘째, 학력의 서열이 바로 사회적 선발 기능을 한다. 현재의 한국 평가 방식은 일제 강점기 식민지 지배 전략인 '학력에 따른 민족 분할 정책'으로 도입된 것이다. 높은 학력을 가진 사람이 사회적 지위를 가지고 낮은 학력을 가진 자를 대리 통치하도록 하였다. 해방이 된 이후에도 이 평가 방식은 시행 주체만 바뀐 채 계속되고 있다. 정권에 의한 국민 분할, 자본에 의한 노동자 분할 정책이다. 서열과 차별은 경쟁을 만들어 내고 인간을 개별화시킨다.

셋째, 평가가 교육 전반을 왜곡시킨다. 교사는 교수-학습 과정보다 검사 도구 개발과 평가에 더 많은 시간과 노

---

3 손지희(2010), 〈한국 교육 평가의 문제점과 새로운 교육 평가 패러다임〉, '평가를 평가한다 - 일제 고사, 교원 평가 폐지와 새로운 교육 평가 마련을 위한 교육학 심포지엄', 2010년 7월 13일.

력을 투여하게 된다. 학생을 성장시키기 위해 평가를 활용하는 것이 아니라, 측정 결과만을 위해 교육 전반이 변질된다. 현재 한국의 평가 방식은 이와 같이 경쟁을 통해 인간을 개인화한다. 이는 자본주의의 요구이며, 한국 사회의 가장 근본적이고 위험한 문제 중 하나이다.

인간을 도구화하고 능력에 따른 차별을 정당화한다

한국의 학교에서 학습 목표와 내용은 '개인'의 능력 향상에 집중되어 있다. 끊임없이 교과별, 영역별로 개인의 능력을 측정하고 서열화한다. 교육부의 명칭이 "교육인적자원부"(2001~2008년), "교육과학기술부"(2008~2013년)였던 적도 있다. 지난 6월 윤석열 대통령은 반도체 산업을 '국가 안보 자산'이라 규정하며, '교육부가 과학 기술 인력 양성 공급 역할을 못 하면 개혁 대상'이라 질타했다. '교육부의 첫번째 의무는 산업 인재 공급'이요, '교육부가 스스로 경제부처라고 생각하라'고도 했다.

교육의 목표는 인간으로서 행복한 삶을 살도록 하는 것이어야 한다. 이를 위해 다 함께 사는 법을 가르치는 것이 '경쟁력 있는' 교육이다. 서로 연대하고 갈등을 풀어 나가며 사회적 자아를 찾는 과정이다. 서로 다른 상대와 조화롭게 살아가는 능력을 측정한 것을 '사회적 기술 지수'라 하는데, 한국의 학생들은 사회적 기술 지수가 매우 낮다. 이웃과 더불어 사는 능력이 세계 최하위 수준이다. 사회적 협력을 하지 못한다는 것이다. 한국 학생들의 낮은 행복 지수와 높은 자살률은, 바로 한국 사회와 학교의 잠재적 교육과정이 만들어 내고 있는 것이다.

시간과 공간을 분절하여, 감시와 통제에 순응하도록 길들인다

벤담은 1780년대 중반 유럽과 러시아를 여행하다가, 러시아의 조선소에서 소수의 숙련 노동자들이 수많은 미숙련 노동자를 관리하는 감시 체계의 작업장을 보고 원형 파놉티콘을 설계했다. 벤담은 최소 인원으로 많은 인원에 대한 감시와 통제가 필요한 군대, 병원, 공장, 학교, 감옥 등에 파놉티콘 구조가 효율적이라고 생각했다.

파놉티콘은 중앙의 감시 권력이 자신을 드러내지 않지만 수용자는 항상 감시당하고 있다고 느끼는 상태가 핵심이다. 수용자는 항상 자신을 감시하고 있을 감시의 시선을 내화해서 이후 스스로를 감시하게 된다. 이는 하나의 권력자가 다수를 감시하는 '규율 사회'이기도 하다. 바로 학교의 시스템이다. 학교는 소수의 교직원이 다수의 학생들을 감시하고 통제하며 여기에 익숙해지도록 만들기 위한 시스템이고, 현재 학교의 노동 조건 속에서 교사들은 자신이 동의하든, 동의하지 않든 이 잠재적 교육과정의 주체가 될 수밖에 없다. 그러기에 학교를 졸업한 후, 대부분의 학생은 학교의 경험을 바탕으로 이 사회의 자본주의적인 개인 관리와 통제에 익숙하게 순응한다.

지식이 권력으로 작동하여 능력주의를 정당화한다

앞에서 살펴본 것처럼, 학교에선 공부를 잘한다는 것은 측정에 의해 평가되고, 측정할 수 있는 것만이 능력으로 인정된다. 또한 능력에 따라 서열이 정해지며, 교사 역시 교사가 되는 과정에서 성적으로 능력을 인정받은 사람이다. 학교에서 성적은 곧 능력이고 권력이다. 이런 환경에서 '왜 공부를 못한다고 사람 취급을 안 하느냐', '공부 못하는 학생을 왕따시켜서는 안 된다' 같은 말들은 얼마나 '순진한' 발언인가!

능력과 권력이 동의어가 되면 평등은 불가능하다. 학생과 학생 사이도 그렇고, 교사와 학생 사이도 마찬가지다. 교사가 단지 지식을 더 많이 알기 때문에 교사인 게 아니라면, 지식 중심의 교육이 아니라 다른 방법론을 고민해야 한다. 자크 랑시에르의 《무지한 스승》이 힌트를 준다. 이 책을 보고 나는 내 수업 전체를 반성하게 되었다. 나는 지식 중심의 교육을 반대하면서도 교사 지식 중심으로 교육해 왔으며, 학생의 개인화·개별화를 반대하면서도 학생 개인 능력 향상 중심으로 평가해 왔다. 이 모든 것을 뒤집으려면 교사는 지식 전문가가 아니라 학생 성장 발달 과정을 지원하는 전문가 역할을 하여야 한다. 그런데 나도 그렇고 대부분의 교사는 지식을 가르치는 방법만을 학습해 왔으며, 그렇게 지식과 능력에 따른 위계와 학력 차별은 심화되고 있다.

지식이 아니라면 무엇을 교육할 것인가? 바로 주체적이고 협력적으로 사는 방법이다. 지식과 문해력, 탐구 능력 등은 그 도구일 뿐이다. 나는 자본주의식 분업이 아닌 협업을 만들어 내는, 학생과 학생이 상호 간에 학습하는 학급 운영 시스템을 고민하고 만들게 되었다. 이런 노력이 지식 권력과 위계에 대한 잠재적 교육과정을 무너뜨리는 과정이다. 교실의 권력을 모두에게 나누는 작업이다.

기존 체제에 순응하고 공동체를 우선하도록

학교에서는 모두에게 언제나 활동을 할 때 단계와 절차를 거치도록 요구한다. 또한 모든 학생의 감정과 신체, 생활 태도 등을 동일하게 요구하고 통제하기도 한다. 이러한 잠재적 교육과정이 지향하는 인간형은 자본주의의 요구와 일치한다. 자본주의는 노동자를 끊임없이 개인화시킨다. 모래처럼 흩어 놓는다. 학교에서 노동교육이 진행된다 해도 그 노동교육은 노동자 계급을 위한 것이라기보다, 지속 가능한 기업의 성장을 위한 것이 될 테다.

교사는 표면적으로는 국가 교육과정을 운영하고 있으며, 동시에 잠재적 교육과정을 운영하고 유지시키는 중심적 역할을 하고 있다. 이중적이며 위선적이다. 이는 교사와 학생의 관계에서도 신뢰를 떨어뜨리고, 의도하지 않아도 '교권과 학생인권'이라는 충돌을 계속 만들어 낸다. 또한 교사 자신의 자존감도 떨어뜨린다.

학교에서 훈련된 경쟁과 서열 시스템은 사회에서도 그대로 적용된다. 이 시스템은 입학과 채용, 근무 여건에서의 경쟁과 서열, 개인화를 당연하게 받아들이게 만든다. 사회의 능력주의와 공정성 담론을 만들어 낸다. 더 나아가 경쟁과

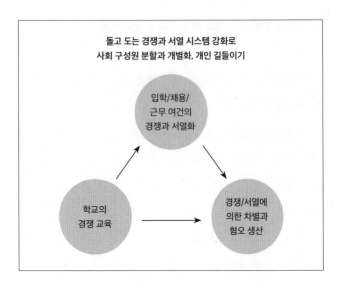

돌고 도는 경쟁과 서열 시스템 강화로
사회 구성원 분할과 개별화, 개인 길들이기

입학/채용/
근무 여건의
경쟁과 서열화

학교의
경쟁 교육

경쟁/서열에
의한 차별과
혐오 생산

서열에 따른 차별과 혐오를 생산한다. 이는 다시 패배에 대한 불안감에 의해 학교의 경쟁 교육 체제를 강고히 한다. 톱니바퀴처럼 맞물리며 재생산되는 전 사회적인 경쟁과 서열 시스템 속에, 이제는 교육을 바꾸어 세상을 바꾸기는 어려워진 것 같다. 결국, 각자 자신의 자리에서 세상을 바꾸어야 교육도 변화시킬 수 있을 것이다.

학교에서 노동자 계급의 노동교육을 한다는 의미

요즘 비정규직 관련 정규직 노동자들의 입장을 보면, '원칙적으로 비정규직 정규직화에 찬성하나, 내 사업장은 특수한 상황이니 빼고'라고 요약할 수 있을 것이다. 같은 사업장에서 정규직은 비정규직과의 관계에서 마치 사측과 같은 위계를 가지곤 한다. 비정규직을 배려하는 정규직의 태도는 노동자 계급으로서의 단결이라기보다는 '좋은 주인'과 같은 경우가 많다.

최근 학교 안 공동체의 구성은 매우 복잡해졌다. 예전에는 '비민주적인 교육 관료' 대 '학생의 권리를 보호하려는 평교사'와 같은 단순한 대립 구도였다면, 현재는 학교 안의 노동자도 다양해졌다. 학교에서 노동조합이라는 표현은 예전에는 전교조 하나를 의미했으나, 지금은 학교 안에 많은 노동조합이 존재한다. 그리고 이 노동조합 사이에도 위계가 존재한다. 물론 이는 역사와 사회적 맥락에 따른 것이기도 하나, 한국의 능력주의와도 무관하지 않다.

현재의 학교에서는 사측 또는 관리자로 볼 수 있는 교육감, 교장, 부장 등이 전교조 출신인 경우도 있고, 노동자들 중에는 한국노총, 민주노총 소속이 섞여 있다. 민주노총 안에서도 공무원노조, 전교조, 공공운수노조, 서비스노조 등 소속 조직이 각기 다른 경우가 다반사이다. 이러한 관계 속에서 '교사'는 어디쯤 있는 것일까? 억울한 점도 있음을 이해하나, 학교 안 노동자 중에서 교사는 가장 많은 권력을 가진 자이다. 그러나 교사들은 그것을 인정하기 어려워한다. 모든 권력자들이 그러하듯이 그것은 자연스러운 일이다. 권력을 가진 자가 자신을 객관화해서 바라보는 것은 참으로 어려운 일이다.

다양한 직종의 노동자가 함께 근무하는 경우, 노-노 갈등이 발생하기 쉽다. 학교에서도 노-노 갈등을 예방하기 위해서는 무엇보다 노동자 간의 위계를 없애려는 노력을 해야 한다. 노동자 계급 중심성과 노동조합의 조직 우선주의를 혼동해서는 안 된다. 또한 활동가의 헌신적 노동이 다른 노동자에게는 노동 착취를 강요하는 것이 될 수도 있음을, 조직 활동에서의 성과주의적 태도 역시 비인권적 상황을 초래할 수 있음을 늘 경계해야 한다.

자본주의는 끊임없이 인간을 개인화시키고 체제에 순응시키려 한다. 그래서 여기에 맞서는 노동자 계급의 노동 교육은 주체적이고 협력적인 인간을 목표로 해야 한다. 개인 노동자는 단결 없이 홀로 자본주의 체제의 일터에서 존

엄할 수 없으며, 인간의 존엄 없이는 노동 해방도 가능하지
않다. 따라서, 학교라는 공간의 잠재적 교육과정을 주체적
이고 협력적인 것으로 변화시키려는 노력이 필요하다. 또한
교사 자신부터 학교 안 노동자와 노동자 계급으로서의 평
등한 관계 맺기를 실천해야 한다.

　교사를 세 부류로 나누면, 보통 교사는 말로 가르치고,
좋은 교사는 시범을 보이고, 훌륭한 교사는 자신의 삶으로
가르친다고 한다. 노동교육도 삶으로 가르치는 것이 가장
훌륭한 교육이다. 학생들에게 교육하고 싶은 노동교육, 평
등 세상을 학교에서 실현하자. 평등하게 운영되는 학교가
학생들에게는 가장 좋은 교과서이고 노동 교육과정이다.
교사가 말로 가르치는 노동교육보다, 교사가 학교에서 실천
해 낸 평등한 세상이 가장 훌륭한 노동자 계급의 노동교육
이다. 학생도, 노동자도 모두 평등한 학교, 그것이 가장 좋
은 노동교육이다. 교실의 학생들이 모두 노동자가 되는 건
아니지만, 모든 노동자는 어느 한때 교실의 학생이었다.

막아도 들려오는
'돈벌이' 소리

– 학교와 교사에게 '투자'와 '돈'에 대한 고민

.
.
.

《오늘의 교육》 2022년 3·4월

이윤승

《오늘의 교육》 편집위원,
서울 이화미디어고 교사

너의 목소리가 들려

너의 목소리가 들려

아무리 애를 쓰고 막아 보려 하는데도

아무리 애를 쓰고 막아 보려 해도

너의 목소리가 들려

- 델리스파이스, 〈챠우챠우〉

　1997년에 나온 델리스파이스의 곡이다. 처음 이 노래를 들었을 때, 나는 왠지 이게 사랑에 관한 노래라고 생각되지 않았다. 마치 환각 속의 소리 같기도 했고 무언가를 피하고 싶은 자의 외침 같다고도 느꼈다. 당시 내가 피하고 싶던 소리는 예를 들면 가짜 드럼 소리로 채워진 댄스 뮤직이었다. TV만 켜면 아이돌의 댄스 뮤직이 흘러나왔고 길거리의 상점과 불법 음반을 파는 리어카에서도 비슷한 음악들이 흘러나왔다. 내가 좋아하는 펑크나 락, 힙합이 들리는 길거리는 없었다. 그래서 델리스파이스의 이 노래는 유행가의 소리를 피하고 싶은 나의 마음을 달래 주는 노래였다.

꼭 음악에서만이 아니다. 학교에만 가면 듣게 되는, 학생들의 태도와 성적에 대한 소리, 체벌의 소리도 피하고 싶지만 늘 들을 수밖에 없는 소리였다. 시간이 지나면 나아질 줄 알았지만, '유행'하는 것들의 소리는 늘 주제만 바뀌어 계속해서 들려왔다. 비주류의 삶을 사는 이들은 귀를 막아도 주류의 목소리를 피할 수가 없었다. 듣기 싫고 피하고 싶어도 들을 수밖에 없었고, 주류의 소리가 너무 가득해 비주류의 소리들은 온전히 들리지 않은 채 흩어지곤 했다. 나에게 그런 비주류와 주류의 소리들은 학생인권 이야기와 교권 이야기, 장애인 이동권의 목소리와 출근길 시민들의 불편하다는 목소리, 성소수자의 인권을 말하는 목소리와 차별 금지에 반대하는 보수 단체의 목소리였다. 이런 사안들은 양쪽 중 한쪽의 스피커만 용량이 100배는 크기에 그 커다란 소리들이 세상을 뒤덮고 있다. 그 안에서 애를 쓰고 있는 작은 소리들이 있고, 그 소리를 듣고 싶기에 델리스파이스의 노래로 위안을 삼는다.

15년 이상을 매일 학교에서 일하다가 휴직을 하게 되니 아침이 고요하다. 같이 사는 모든 이들이 출근을 하고 등교를 하고 나면 집에 나 홀로 있는 시간이 많다. 어느 날엔

학교의 분주함과 소음이 사라져 아쉬운 찰나도 있으나, 내가 좋아하는 음악을 틀어 놓고 책을 읽는 시간은 매우 소중하다. 6개월의 휴직 기간 중 몇 주밖에 지나지 않았지만 학교로부터 떨어져 지낸 지 1년 이상 된 것 같은 기분이 들기도 한다. 그만큼 작년과 재작년의 학교는 쉽지 않았고 그로부터 떨어지자 갑자기 찾아온 평온이 비현실적이다. 지난 2년 동안 나를 가장 지치게 했던 것은 코로나19가 아니었다. 감염병으로 인해 방역에 신경을 더 쓰고 온라인 수업에서 차질이 생기지 않게끔 애쓰는 것은 별로 어려운 일이 아니었다. 충분히 할 수 있었고, 해야만 한다는 당위성도 갖고 있었다. 지난 2년간 나를 가장 괴롭힌 것은 '돈 얘기', '주식 얘기'였다.

기업과 은행의 이야기만 가르치는

나의 교원 자격증에 교과가 '수학'으로 표기되어 있다. 그런데 사립 학교, 그중에서도 특성화고의 상황이 급변함에 따라 갑작스럽게 경제 등의 교과를 병행하여 수업을 해야하곤 했다. 특히 상치 교사로 처음 가르쳐야 했던 교과는

'상업경제'였는데 1년 내내 이 교과를 가르치며 가장 의아하고 아쉬웠던 점은 오로지 기업이 주인공인 이야기들만 배운다는 것이었다. 가끔 은행도 등장하긴 하지만 주로 기업과 관련하여 서술되어 있었다. 주식의 발행, 은행으로부터의 대출, 기업의 사채 발행, 어음, 수표 등 기업 경영자의 시점에서 바라본 '상업'의 분량은 많았지만 소비자와 노동자 관점에서의 서술은 찾아보기 어려웠다.

특히 주식에 대해선 1차 시장(투자 시장)만 배울 뿐 주식의 2차 시장 운영 형태는 거의 배우지 않았다. "부채는 자산"이라는 말을 암기했지만 왜 기업은 신주를 발행하기보다 먼저 은행에서 대출을 받으려고 하는지, 기업의 주주가 어떤 역할을 할 수 있는지도 자세히 배우지 않았다. 학기가 시작하기 전에 학생들에게 도움이 되기 위해 경제학 이론을 배우고 주식 시장의 생성 과정과 은행, 보험, 재보험의 탄생과 역사를 배웠지만, 상업경제 교과를 가르치는 과정에선 도움이 되지 않았다. 비단 상업경제 교과뿐만 아니라, 상업계 특성화고인데도 개인이 은행과 어떤 관계를 맺을 수 있는지, 기업의 주주로서 개인은 어떤 역할을 할 수 있는지에 대해서는 교육과정에서 중요하게 다루지를 않았다.

한편으론 특성화고이기에 더 그랬을 수도 있겠다는 생각

도 들었다. 졸업 후 기업에 친화적인 노동자가 되도록 학생들을 기르는 것이 특성화고 교육의 오랜 '전통' 중의 하나이니, 일부러 개인과 노동자의 입장을 가르치지 않는 것인가 싶었다.

왜 학교는 금융을 가르치며 기업과 자본가, 은행의 이야기들을 주로 가르칠까. 어쩌면 교사 스스로도 노동자의 정체성보다 기업과 자본자의 정체성을 더 많이 투영하고 있기에 그런 것은 아닐까. 비록 임금을 받고 있는 노동자이긴 하지만 자신들의 미래의 모습으로 노동자의 삶보다 자본가의 삶을 그리고 있기에. 실제로 얼마나 많은 교사들이 죽기 전에 임대 사업자가 되거나 건물주가 되는지는 모르지만, 적어도 내 주위의 많은 교사가 퇴직 후에 노동 없이 지속 가능한 수익원을 만들기 위해 애쓰고 있는 것 같았다. 그리고 그 '지속 가능한 불로 소득'을 위해 학교에서는 시드 머니를 만들고 있는 것 같아 보인다.

자본과 금융에 푹 빠진 세상의 교사들

그런 모습을 보는 것은 나에겐 피하고 싶은 일이었고, 그렇기에 지난 2년 동안 그 목소리를 듣지 않고 그 모습을 보지 않기 위해 애쓰곤 했다. 하지만 완전히 피할 수는 없었다. 아무리 애를 써도 들려왔다. '오늘 공모주 나왔는데 청약하셨어요?' '요즘 어느 기업의 채권이 이율이 좋다던데 채권으로 분산해 보세요.' '금도 사셨죠? 나중에 전쟁 나면 금값이 제일 많이 올라요. 금도 지금 시세가 괜찮으니 지금 사 두세요.' 'S&P500은 지난 몇십 년간 크게 떨어진 적이 없으니 거기에 계속 여윳돈 투자하세요.' '아, 아까 부장님 팔 때 같이 팔걸, 괜히 더 기다렸더니 금방 떨어졌네.' 모든 교사가 그런 것은 아니지만, 교무실에 갈 때마다 이런 소리가 몇몇에게서 들렸다. 영화관에 가도 간단하게 주식 투자하는 앱의 광고가 나오고, 쉽게 대출해 준다는 광고가 TV에도 나오는 때이니 학교라고 다를 바는 없었다.

코로나19가 누군가에겐 엄청난 위기였지만 교사들에겐 별로 위기가 아닌 것 같았다. 주식, 채권, 금, 갭 투자 등의 이야기가 한번 시작되면 끝이 나지 않았다. 연수 중에도 뒤에서 어느 동네가 곧 집값이 오를 것 같으니 미리 투자해야 한다는 소곤거림이 들렸고 옆의 교사는 아예 주식 거래 앱을 켜 놓고 보고 있었다. 특히 한번 입금하면 한참 동안 찾지도 못하는 연금 저축이니, 개인형 퇴직 연금 IRP이니 하는 이야기는 딴 세상의 이야기 같았다. 당장 쓸 돈도 없는데 20년 이상을 돈을 묶어 놓는다니, 나 같은 사람에겐 요상한 소리로만 들렸다.

오래전 내가 기간제로 일하던 학교의 한 교사는 수업이 끝나면 번개같이 달려오곤 했다. 화면에 띄워져 있는 시세를 확인하며 단타 구매를 주로 하는 교사였다. 그렇게까지 할 필요가 있나 싶었다. 교사로서 부끄러운 일이 아닌가 생각했다. 하지만 그 교사는 그렇게 생각하지 않는 것 같았다. 큰돈으로 하는 것도 아니고 자신에겐 게임같이 재미난 것이라 하며 주식의 폐해와 상관없다고 했다. 지금은 학교에서 주식 사이트에 접속할 수 없게 막혀 있다. 하지만 스마트폰이 있기에 얼마든지 주식 거래를 할 수 있다. 덕분에 오래전 그 교사처럼 수업 후에 빨리 뛰어올 필요도 없다. 수업이 끝나자마자 계단을 내려오면서 시세를 확인할 수 있다. 수업 후 복도에서 벽에 기대어 집중한 듯 스마트폰을 보고 있는 교사들이 보인다.

친한 교사들에게는 그만 좀 하자고 설득해 보기도 했다. 충북교육청에서는 2020년 공무원 행동 강령을 개정하였는데 그 주요 내용에 근무지 무단 이탈, 게임, 주식 거래를 할 경우 품위 유지 위반으로 처벌한다는 것이 들어 있다고, 대구의 한 교장은 근무 시간에 주식 거래를 하고 업자에게 금품을 요구하다 해임되기도 했다고 설득의 이유를 댔다. 그런데도 주변 교사들은 주식 거래를 계속하고 있고 딱히 변화가 생기진 않았다. 충북 외의 다른 교육청에서는 근무 시간에 하는 주식 거래에 대해 문제 삼는 정책도 눈에 띄지 않는다. 이미 교육청 직원들도 근무 시간에 하고 있기 때문일까. 아니면 너무 많은 교사들이 주식 거래를 하고 있음을 알기 때문일까.

분명히 교사와 공무원들에게는 겸직 금지의 원칙이 있다. 하루 근무 시간이 8시간이지만 점심시간도 포함되기에 다른 직장인들보다는 노동 시간이 짧기도 하다. 그만큼 교사들의 쉬는 시간과 점심시간은 교육 활동의 연장이라고 볼 수 있다. 각종 복지와 휴직의 자유로움이 있고, 연차를 쓸 때 눈치를 보지도 않고, 연금도 보장되어 있다. 그런데도 왜 그렇게 근무 시간에 겸직 금지 원칙을 위배하면서까지 노동 소득 이외의 수익을 추구할까. 학교 교사들조차 교육보다는 자본이 더 중요한 삶의 가치라고 느끼고 있는 걸까. 비단 교사들만 그런 것이 아니고 대중의 절대다수가 이미 '주식 개미'의 삶을 살고 있으니, 교육도 거기에 발맞추고 있는 것일까. 주식을 다루는 유튜브 채널 '삼프로 TV'

의 구독자 수와 대형 서점 베스트셀러 목록을 보더라도 지금 얼마나 많은 사람이 자본과 금융의 세계에 푹 빠져 살고 있는지 알 것 같다. 이런 세상에서 주식 시장의 폐해를 얘기하고 교사들의 근무 시간 주식 거래를 금지하자고 하는 말은 대중의 동의를 얻기 어렵다.

경제교육은 무엇을 가르치는가

얼마 전 한 TV 프로그램에서 초등학교 담임 교사가 자신의 학급 학생들과 경제 수업을 하는 사례가 소개되어 이슈가 된 적이 있다. 방송을 보면, 그 교실에선 각 학생들에게 직업이 있고 임금이 지급된다. 임금으로 지급된 학급 화폐로 소비를 하거나 저축을 할 수 있다. 그리고 투자를 할 수도 있다. 교사의 몸무게가 지수로 평가되어 주식 투자하듯 교사 몸무게 지수에 투자를 한다. 그로 인해 수익이 발생하면 더 많은 학급 화폐를 모을 수 있는데, 큰돈이 모이면 교실의 책상을 구매하여 임대 수입을 얻을 수도 있다. 방송에서 아주 자세히 나온 것은 아니었지만 이 방송을 보며 환호하는 사람들이 꽤 있었다. 많은 이들이 살아 있는 경제교육을 하고 있는 것이라고 생각하는 것 같았다.

하지만 난 이 방송을 보고 불편한 마음을 감출 수 없었다. 어떻게 하면 한 개인이 돈을 잘 벌고 그 돈으로 무엇을 사거나 누릴 수 있는가에 초점이 맞춰져 있다는 점이 가장 우려스러웠다. 특히 자리를 구매하고 그 자리를 임대해 줄 수도 있다는 설정은, 현재의 부동산 시장을 알려 주려는 의도였겠지만, 그 속에는 '우리'라는 공동체의 의미는 없었다. 오로지 돈을 통해 개인이 무엇을 누릴 수 있는지만 느끼게 할 뿐, 개인의 소비와 투자들이 타인과 공동체에 어떤 영향을 미칠 수 있는지에 대한 이야기는 비어 있었다. 학교에서 경제를 교육하려면 현재의 자본주의 현상을 배우고 자본주의에 적합한 인간으로 자라게 하는 것이 아니라, 지금의 자본주의를 배우되 그 안의 문제를 발견하고 어떻게 하면 각자도생의 원리가 아니라 '우리'의 가치를 되새기면서 소수가 부를 독점하고 수많은 사람이 낙오자가 되는 세상을 피할 수 있을지 고민해야, 그러기 위한 연대의 힘을 가르쳐 주어야 하는 것이 아닐까.

이 방송 이후, 그 영향을 받은 건지 혹은 이러한 경제교육을 하는 것이 초등학교에서 유행을 탔던 건지는 모르지만, 다른 교사들도 이와 비슷한 경제교육을 하고 있다며 사례를 소개하는 기사들이 여럿 보였다. 심지어 한 교사는 2학기가 되면 모두에게 1개씩의 직업이 있다가 갑자기 직업의 개수를 반으로 줄여 구조 조정의 원리를 배우게 한다고 했다. 이를 통해 직업이 있을 때 저축을 하는 것의 중요성을 가르치겠다는 것인데, 아주 어린 나이부터 해직과 실업을 경험하는 것이 과연 어떤 유익한 경험으로 남을지 걱정이 된다. 그런 수업을 통해 자본주의를 넘어서는 대안적 상상력을 키울 수 있을까. 심지어 직업을 줄여 버리는 권력자는 담임 교사이다. 화폐를 유통하는 권력자도 담임이고, 주식 투자의 지수를 결정하는 것도 담임이다. 살아 있는 경제 수업을 하기 위해, 현실의 경제도 결국 소수의 권력자들에 의해 결정된다는 것을 가르치려는 의도였을까? 과연 정규 교육과정이 아닌 담임의 경제 활동 수업에 참여하고 싶지 않은 학생에겐 거부권이 보장되긴 했을까?

'투자'와 '경제적 자유'는 누구의 이야기인가

예전에 잠시 같이 일했던 한 교사분이 있다. 그의 부모는 모두 은행에서 일하셨고 서울 여러 곳에 건물을 가지고 있었다. 그 선생님과 지내며 정말 여러 번 충격을 받았다. 그 분은 사회 교사였는데, 자신이 추구하고 싶은 수업 목표는 학생들이 졸업 후에 시드 머니를 빨리 만들어서 제대로 투자해, 10여 년 후에 작은 빌라라도 구매할 수 있는 방법을 알려 주는 것이라고 했다. '경제적 자유로움'을 찾고 나면 인생의 가장 큰 걱정이 사라지기 때문에 지속 가능한 수입 원을 만드는 것이 가장 중요하다고 했다.

그 말을 들은 나는 '개똥 같은 소리'라고 생각했다. 그 선 생님은 부모가 부자인 덕분에 증여세를 피할 목적으로 월 급을 모두 적금에 넣고 그만큼의 돈을 부모에게 현금으로 받아서 생활하고 있었고, 부모 집에 살면서 아버지 이름의 차를 타고 다니며 생일 선물로 가족들로부터 금을 받곤 하 는 사람이었다. 나는 당신이 그런 환경이기에, 때마다 가족 의 돈을 모두 모아 카카오나 하이브의 공모주를 받아 한번 에 수백만 원의 수익을 올리며 이미 어렸을 때부터 부모가 채권과 주식, 연금 저축 등을 다 설계해 주고 결혼 후 살 집 도 가족 간 거래로 싸게 받을 교사이기에 그 경제적 자유 로움이 쉽게 가능한 것이라고 말해 주었다.

우리 학교 학생들은 상당수가 기초 생활 수급자이고, 수 급자가 아니더라도 차상위 계층인데, 당신의 시드 머니 이야기와 건물주의 꿈이 가당키나 하겠냐고 이야기했다. 심지어 특성화고에 입학한 학생들은 단지 이른 취업을 통해 가정 경제에 일부라도 공헌하기 위해 온 경우가 많은데, 과연 시드 머니라는 게 취업 후에 만들어질 수는 있겠는가 생각해 보라고 했다. 굳이 그런 얘기를 학생들에게 하고자 한다면 막지는 않겠지만, 그 수업에 영향을 받아 섣불리 투자를 위해 부채를 짊어질 학생들에게는 부채와 리스크 관리에 대해서도 확실하게 알려 주어야 할 것이라고 당부했다. 그리고 그렇게 말하는 교사 자신이 얼마나 자본가 계급에 속해 있는지부터 말할 수 있어야 한다고도. 그러지 않고 교사인 자신도 힘든 청년이고 노력하며 살면서 시드 머니를 만든 척한다면 그냥 학생들을 기만하는 것일 뿐이니까.

이런 대화가 오가기 전, 그 교사는 중학교 미술 수행 평가 제출을 앞두고 그림을 잘 그리는 학생에게 돈을 주고 과제물을 산 적이 있다고 말했다. 그러면서 자기처럼 어린 시절 자본주의의 겉면만 배우고 나면 중학교 때 그런 괴물이 된다고도 했다. 그런데 그 교사는 또 얼마 전, 어떤 학교의 정교사를 뽑는 과정에서 시강을 준비해야 했는데, 공립 학교 임용에 합격한 친구 둘을 불러서 스터디를 했으며 그 친

구들이 열심히 안 도와주는 것 같길래 자신이 붙으면 제주
도 여행을 하게 해 준다고 약속했더니 두 친구가 아주 성의
껏 도와줬다는 이야길 했다. 아마도 중학교 때 미술 숙제를
돈으로 해결한 것과는 다르다고 생각했던 것 같다. 나에게
말하면서 부끄러움을 느끼지 못했다는 건, 이미 그가 금융
자본주의적인 사고방식으로 가득 채워진 인간이어서 그랬
던 것일까.

이윤 추구가 당연한 교육이 아니어야 하니까

주식 시장은 오전 9시에 개장하여 오후 4시에 폐장한다.
정확하게 우리 교사들의 근무 시간과 겹친다. 나이 많은
교사이면서 아주 오랫동안 주식 투자를 해 온 친구가 있
는데, 그 친구의 이야기가 가장 현실적인 것 같다. 그는 출
근하고부터 퇴근 때까지 다른 일을 하는 것은 직무 유기라
고 생각해서 주식은 보지도 않는다고 했다. 그래서 방학 때
만 주식 거래를 할 수 있기에 자신이 좋아하는 기업, 도와
주고 싶은 기업에만 장기 투자를 한다고 했다. 1980년대 중
반부터 지금까지 그 원칙을 어기지 않고 있다고 했다. 주식

투자를 하려면 적어도 이 정도의 마음가짐을 갖고 하는 것이 교사에게 어울리지 않을까.

아무리 대중 매체에서 금융교육이 대세라고 하고, 교사 스스로도 주식 투자를 하고 있기에 본인의 당위성을 찾기 위해 학생들에게 이런 주식 투자가 나쁜 것만은 아니라고 말하고 싶은 마음이 있더라도, 지켜야 할 선은 있는 법이다. 그렇게 돈을 버는 방법을 가르치고 지금의 금융 구조를 원리와 역사, 문제점에 대한 탐구 없이 현상으로만 가르치려 한다면 자본주의의 허점과 문제는 점차 가려질 것이고 이윤을 추구하는 인간의 성장만을 촉구하는 교육이 될 것이다. 주식이든, 채권이든 내가 돈을 버는 이유는 누군가가 돈을 잃기 때문이다. 아닌 순간도 가끔 있다고는 하지만, 대체로 주식 시장에서 돈을 버는 것은 누군가의 돈을 뺏는 일이다. 어떻게 해서 돈을 잘 벌 수 있을까를 생각하기 전에 이것이 과연 옳은 일인지, 당연히 할 수 있을 만한 일인지에 대해서도 고민해 보길 바란다.

그리고 마지막으로 부탁하자면, 제발 교사들이 근무 시간에 스마트폰으로 주식 시세를 보며 시간을 보내지는 말았으면 좋겠다. 실현되기 쉽지 않은 바람이긴 할 것이다. 수학 교사가 자신의 자녀를 대치동 수학 학원에 보내고, 영어 교사가 공교육의 영어교육을 믿지 못하는 모순적인 상황에 길들여진 교사들에게 내 이야기는 아마 머리에 스치지도 않고 지나갈지 모른다. 그럼에도 이렇게 긴 글을 쓰는 이유는, 나 스스로 다짐하기 위해서이기도 하고 또 나 이외의 누군가에게도 조금은 영향을 줄 수도 있을 것이라고 믿어서이다.

휴직해서 조용한 아침을 보내니 이곳은 정말 천국이다. 귀를 막지 않아도 들리지 않는다. 진정 평화롭다. 글을 쓰면서 듣고 싶은 음악을 들으니 더욱 그렇다.

내 친구들은 모두 가난합니다

이 가난에 대해 생각해 보세요

이건 곧 당신의 일이 될 거랍니다

이 땅에는 충격이 필요합니다

- 이랑, 〈늑대가 나타났다〉

한두 번 교육한다고 권리를 주장할 수 있게 될까

- 학생들이 존중받는 경험과 문화가
곧 노동인권교육이다

.
.
.

《오늘의 교육》 2022년 7·8월

박내현
우리동네노동권찾기,
노동인권 활동가

"친절하게 일을 가르쳐 줬으면 좋겠어요."

"제가 잘 못해도 잘 알려 줄 수 있는 상사."

내가 원하는 일자리의 조건이 무엇인지 물었을 때 유난히 눈에 들어온 대답이다. 올해 초 한 특성화고 2학년 수업에서도 적정한 임금이나 휴가, 직원 복지 같은 평범한 답보다, '좋은 사람', '친절한 사람'이 필요하다는 답이 많았다. 궁금함을 참지 못하고 한 참여자에게 물었다.

"왜 친절한 상사가 있었으면 좋겠어요?"

조금 망설이던 그가 말했다.

"무서워서요."

또 다른 참여자에게도 물었다.

"취업하는 게 무서워요?"

"네, 가서 야단맞을 거 같고 걱정돼요."

서울에 있는 또 다른 특성화고에는 상사를 대하는 법, 상사에게 인사하는 법 등이 복도와 계단에 빼곡하게 붙어 있다. 아무리 둘러봐도 일하는 나의 권리는 무엇인지, 권리를 침해당했을 때는 어떻게 해야 하는지를 담은 안내문은 보이지 않았다. 예의를 갖추는 것, 직업인으로서의 태도를 배우는 것도 중요하지만 왜 노동하는 사람의 권리는 제대로 알려 주지 않을까. 왜 벽에 써 붙여 주지 않을까. 설렘이 아니라 '두려움'을 안고 사회생활을 시작해야 하는 사람들에게.

1년에 몇 번 스쳐 가는 교육

현재 특성화고의 노동인권교육은 서울의 경우 학기당 2시간 하도록 되어 있다.[1] 2022년 기준, 각 시·도교육청의 노동인권교육 관련 조례들을 살펴보면 서울과 부산 정도가 학기당 2시간 이상을 권고하고 인천과 경남은 1년 2시간을 제안한다. 세종, 제주, 강원은 특성화고 등의 직업계고만이 아니라 모든 중·고등학생으로 대상을 확대시켜 뒀지

---

1 「서울특별시교육청 노동인권교육 활성화 조례」 제8조(노동인권교육) 산업수요맞춤형고등학교, 특성화고등학교, 일반고등학교 중 직업교육을 실시하는 학교의 장은 재학생을 대상으로 학기당 2시간 이상 노동인권교육을 실시하여야 한다.

만 의무 교육 시간은 정해 놓지 않았다. 충북은 초·중·고 모든 재학생을 대상으로 하며 의무 교육 시간은 1회로 되어 있는데, 이것이 학기 기준인지 1년 기준인지 혹은 전체 교육 기간을 통틀어서 1회면 된다는 것인지 알기 어렵다. 광주는 모든 학생을 대상으로 하고 있으나 의무 교육 시간을 따로 두지는 않았고, 다만 직업계 고등학교 혹은 일반 고등학교 중 직업교육을 실시하는 학교(보통 '일반고 직업반'이라고 부른다)를 대상으로 노동인권교육을 하는지 여부를 조사하도록 되어 있다.

일반적으로 특성화고 노동인권교육을 할 때는 1, 2학년은 노동의 가치와 노동인권에 대해서, 그리고 현장 실습과 취업을 앞둔 3학년은 노동법과 권리에 대해서 교육해 달라는 요청을 받는다. 그래서 3학년은 좀 더 전문적인 교육을 위해 노무사들이 강의를 하는 경우도 많다.

하지만 이렇게 진행된 교육이 어떤 실효성을 지니고 있는지 파악하기는 어렵다. 서울시교육청의 〈2021년 서울 학생 노동인권 실태 조사〉에 따르면, 응답한 학생 중 자신의 권리가 침해된 상황에서 권리 보호를 요청하는 경우는 1/3에 불과했다. 나머지 다수는 참고 일하거나 다른 직장으로 옮긴다고 응답했다. 설문 조사 결과가 아니더라도 실제 수업 시간에 참여자들에게 '노동인권교육'을 받아 본 경험이 있냐고 물으면 다들 금시초문이라는 얼굴을 한다. 그러다가 「근로기준법」이나 근로 계약서 작성 같은 얘길 들어 본 적 없냐고 구체적으로 물어보면 "아…… 그거, 들어 본 거 같아요"라고 한다.

일반고뿐 아니라 의무 교육을 하도록 정해진 특성화고에서의 반응도 크게 다르지 않다. 현장 실습이나 취업을 준비하는 3학년 교실에서도 내용을 제대로 들었다고, 알고 있다고 답하는 참여자를 만나기 어렵다. 매 학기 2시간의 교육은 수많은 교육과정 중 그냥 스쳐 지나갈 뿐이거나 형식적으로 이루어지는 게 아닐까. 나 역시 노동인권교육을 하러 갈 때마다 이 2시간이 학생들에게 어떤 경험으로 남을 수 있을까 고민하는 이유이기도 하다.

노동인권교육 활동가들 사이에서 같은 학교에 연이어 교육을 나가는 것은 큰 행운이라고들 한다. 그렇게 확보한 시간은 1년을 통틀어 겨우 4시간, 하고 싶은 얘기는 산더미지만 꾹 참고 추려 내어 정리한다. 그렇게 교육을 나가도 내년에는 다시 만날 수 있을지 알 수가 없다. 학교가 매번 다른 기관에 교육 의뢰를 하기 때문이다. 심하면 1학기에 진행한 교육이 뭔지 모른 채로 2학기에만 교육을 가기도 한다.

학생의 입장에서는 1학기에 들은 내용을 2학기에 또 들을 수도 있고, 1학기와 2학기의 수업이, 크게는 1학년부터 3학년까지 경험하게 되는 교육 전체가 전혀 체계적이지 않을 가능성이 높다. 일반고 학생들에 비해 빨리 일터에 나가게 될 특성화고 학생들에게 더욱 중요한 노동인권교육은 이렇게 진행되고 있다. 일반고 직업반의 경우는 더욱 심각하다. 일반고를 선택했지만 뒤늦게 진학이 아니라 취업을 선택한 학생들은 3학년 때 1회 정도의 노동인권교육을 받는 것이 전부다. 그렇게 귀한 한두 번의 교육마저도 인터넷 방송으로 대체하거나 대강당에 한데 모아 놓고 진행하기도 한다.

그리고 실태 조사 결과에도 나타나듯 아무리 전문가가 노동법을 가르친다고 해도 그것이 곧 권리 찾기로 이어지지는 않는다. 사실 어지간한 내용은 굳이 2시간을 할애해서 설명해 주지 않아도 매년 각종 기관에서 배포하는 권리 찾기 수첩이나 안내서를 보거나 인터넷 검색만 해 봐도 알 수 있다. 권리를 몰라서, 노동법 교육을 안 받아서 부당한 일을 겪어도 그냥 참고 넘어가는 것이 아니다.

앞서 말한 것처럼 학교에 가면 여기저기 학생으로서의 예의범절을 강조하는 문구를 만난다. 교실 칠판 위에는 어김없이 '근면', '성실' 등의 급훈이 붙어 있다. 학생들에게 권리만 강조하지 말고 '의무'도 알려 달라는 곳도 있다. 노동인권교육을 하는 중간에도 교사가 들어와서 자는 학생을 툭툭 건드려 깨우기도 한다. '외부 강사님이 오셨으니 잘 들으라'라고 꾸짖는다. 철저히 학력 위주의 사회 속에서 특성화고를 선택하는 순간부터 학생들은 '왜 대학에 가지 않는지'를 계속 설명해야 한다. 존중받아 본 경험이 부족한 사람이 자신의 권리를 요구하는 것은 쉽지 않다.

위험한 일터와 불리한 위치는 그대로인데

게다가 특성화고 현장 실습은 계속되는 사고 발생으로 인해 위험할뿐더러 제대로 된 '학습'의 과정이 아니라는 지적과 비판을 받으면서도 계속 유지되고 있다. 2021년 발생한 전남 여수해양과학고 현장 실습생의 익사 사고[2]나 강원

---

2 2021년 10월 6일, 전남 여수 신우해양레저 현장 실습생 여수해양과학고 홍정운 님의 익사 사고가 발생했다. 사장 1인의 현장 실습 참여형 기업이었고, 17세 현장 실습생에게 법으로 금지된 배 밑바닥 따개비 제거 잠수 업무를 시켰다. 2인 1조 작업 원칙과 안전 요원 배치도 지키지 않았고 잠수 장비

도 원주에서 현장 실습생이 프레스 작업 중 손이 낀 사고[3]처럼 실제 위험한 작업 환경에 노출되어 부상을 당하거나 목숨을 잃는 경우도 있고, 사내 괴롭힘과 업무 스트레스 등을 못 이겨 스스로 목숨을 끊는 일도 많다. '학습' 혹은 '일 경험'을 위한 것이라고 얘기하지만 현장에서는 최저임금도 받지 못하거나 자신의 전공과 무관한 업무에 배치되고, 업무에 대한 최소한의 교육도 제대로 받지 못하고 그저 값싸게 써먹을 수 있는 노동력으로 활용되는 사례가 셀 수 없이 많다.

어느 경우든 자신이 처한 상황이 매우 위험하고 폭력적이라는 것을 인지했더라도 그에 대해 부당함을 이야기하거

착용법 등의 안전교육도 하지 않은 것으로 드러났다. 수영도 잠수도 능숙하지 않은 상태에서 몸에 맞지 않는 잠수 장비를 입고 작업을 진행하던 고인이 올라와 장비를 벗다가 허리에 찬 무게 12kg의 잠수용 납덩이로 인해 순식간에 물에 가라앉은 사고였다. 업체 대표는 고용노동부 재해 조사와 산업안전 감독에서 잠수 기구 미점검 등 「산업안전보건법」 위반 사항 12건이 확인되었지만, 2022년 7월 6일 항소심에서 집행 유예를 선고받았다.
3 강원 원주 멤피스코리아에서 일하던 영서고 현장 실습생이 프레스 작업 중 손이 끼여 중상을 입었다. 당시 현장 실습생은 생산 품질 관리 업무를 맡아야 했지만 주사기 조립 공정에 투입된 것으로 확인되었다. 중소기업벤처부 사업인 '취업맞춤반' 40시간 교육을 이수하면 전공과 전혀 무관한 업체에 실습을 보낼 수 있게 한 허술함이 이 사고를 통해 드러났다.

나 자신을 방어할 수 있는 훈련은 전혀 되어 있지 않다. 취업률에 해가 될까 봐, 눈치가 보여서 힘든 상황에서도 학교로 돌아오지 못하고 버티는 경우도 많다. 힘들어도 버티는 것, 그것이 '사회생활'이라고 배우는 학생들은 힘든 것을 참아 내지 못하는 자신을 자책하며 위험 속에 스스로를 남겨 둔다.

현장 실습은 사고가 날 때마다 여러 번 제도 변화를 겪었지만 여전히 학생이냐 노동자냐, 학습이냐 노동이냐를 둘러싼 논란이 계속되고 있다. 2017년 전주, 제주 등에서의 현장 실습생 사망 사건 이후 근본적 대책이 필요하다는 공감대가 넓어졌고 시민사회단체들은 '산업체 파견형 현장 실습제'의 폐지를 요구했다. 아쉽게도 현장 실습 자체가 폐지되지는 못했지만 기존 6개월이던 현장 실습 기간은 3개월로 줄었고 '학습 중심' 현장 실습이라는 이름으로 변경됐다. 하지만 학습 중심 현장 실습으로 인해 취업률이 떨어지고 특성화고가 침체된다는 여론이 조성되면서 2019년 다시 「산업현장 일학습병행 지원에 관한 법률」이 통과된다. 이 법률에는 학습 근로 계약의 해지 주체가 사용자라고 명시되어 있다. 바꿔 말하면 부당한 일을 겪어도 학생은 이 계약을 해지할 수 없다.

그리고 2021년, 여수해양과학고 현장 실습생의 사망 소식이 들려왔다. 고인은 3학년 2학기에 잠수 관련 교육을 받을 예정이었는데 미처 그 교육을 받기도 전에 현장 실습처로 가게 됐다. 만약 그가 18세 미만인 자신이 잠수 작업을 해서는 안 된다는 법률을, 자신이 일하는 현장에 현장 실습 담당자가 배치되어야 한다는 사실을 알았다면 상황은 달라졌을까. 알았다고 해도 자신의 권리를 요구하고 위험한 작업을 거부할 수 있었을까.

교육과 학교의 과제

2021년에야 교육부가 내놓은 대책에는, 학교 현장실습위원회에 당사자인 학생 참여 보장, 학생에 대한 산업 안전, 노동인권교육 확대가 포함되어 있다. 하지만 세부 내용을 살펴보면 신규 콘텐츠 개발에 치중되어 있다. 현재의 노동인권교육을 확대하려면 우선 횟수를 늘려야 한다. 한 학기에 1회, 매번 바뀌는 외부 강사가 임의로 진행하는 교육이 아니라, 정규 교육과정으로 편성하고 학년별, 전공별로 체계적인 교육 내용을 정해서 진행해야 한다.

그리고 교육을 통해 단순히 권리가 있다는 것을 알려 주는 것에 멈추지 않기 위해서는 현재의 현장 실습 제도 및 직업계 학교 운영 체계가 전면 수정되어야 한다. 진학이 아니라 취업을 선택한 학생들이 스스로의 결정을 존중받는 문화 속에서 값싼 노동력이 아니라 정말 필요한 노동자가 될 때까지 충분히 필요한 교육을 받을 수 있게 보장하고, 자신이 원할 때 원하는 곳으로 취업할 수 있도록 학교와 국가가 최선을 다해 지원해야 한다. 학생으로서 권리를 보장받고 존중받았던 경험을 갖게 하고 부당함에 대해서는 언제든 말할 수 있다는 감각을 길러야, 노동자로서도 권리 침해에 맞설 수 있을 것이다.

현장 실습생의 사고 소식을 들을 때면, 일터로 가기 전에 어떤 교육을 받았을지를 떠올리며 마음이 무거워진다. 노동인권교육을 할 때마다 2시간의 짧은 시간 동안 무엇을 남길지 고민하지만 매번 같은 말로 마친다.

"오늘 배운 모든 것을 잊어버리더라도 하나만 기억해 주세요. 여러분에게는 분명 자신을 지킬 권리가 있고 그 권리가 침해당했을 때 힘들지만 도움을 요청한다면 꼭 도움을 받을 수 있습니다. 그러니 참지 말고 버티지 말고 얘기하세요."

저자 소개

하금철 hkcsp@hanmail.net
《오늘의 교육》편집위원, 한국학중앙연구원 박사 수료. 짧지 않은 시간 동안 장애인·빈민운동을 통해 세상을 배웠습니다. 그때의 배움을 바탕으로 현재 수용 시설 인권 침해 진실 규명 조사에 매진하고 있습니다. 어느 누구도 사육당하지 않고 온전히 자기 삶의 고귀함을 지킬 수 있는 세상을 꿈꿉니다.

채효정 measophia@naver.com
정치학자, 《오늘의 교육》편집위원장, 경희대 후마니타스칼리지 해고 강사, 기후정의동맹 전체회의 의장. 《대학은 누구의 것인가》, 《먼지의 말》저자.

진냥(희진) jinnyang3@gmail.com
《오늘의 교육》편집위원, 경남 지역 초등 교사, 청소년인권운동연대 지음 활동가. 고양이 세 분을 모시고 학생들에게 배우는 일로 생계를 유지합니다. 아는 것 없고 어린 사람이 항상 존대를 들으며 존중받는 세상에 살고 싶습니다.

장윤호 jyhrevo@gmail.com
경기 안양공업고등학교 교사. 노동자로서 자긍심을 가지는 것이 곧 인간 존중이고, 노동자 간 연대와 노동과 사회의 연대가 강화된다면 우리 사회가 좀 더 행복해질 것이라는 믿음을 가지고 있습니다. 학생은 미래의 노동자이고, 교사는 현재의 노동자입니다. 현재의 노동자와 미래의 노동자가 노동자라는 의식을 가지고 연대 의식을 가지기를 희망합니다.

이윤승 autoki6@naver.com

《오늘의 교육》 편집위원, 이화여대병설미디어고등학교 교사. 서울의 상업계 특성화고에서 수학 수업을 하고 있다 보니 노동, 상업, 자본주의에 대해 학생과 교사 들이 어떤 생각을 하는지를 자주 접하고 있습니다. 그럴 때마다 실망스러울 때가 많지만 희망은 늘 갖고 있습니다.

이영주 sislyj@hanmail.net

전교조 참교육연구소 연구위원, 초등노동교육연구팀 연구원. 내가 교실에서 행한 참교육에 책임지려고, 오늘도 '일하는 사람 모두의 노동 기본권'을 위해 고군분투하며 살고 있습니다. 한국에서 그리 살고자 하면 뻔하게 예상되듯, 지금은 해직 교사로 학교 밖에서 '참교육의 AS'에 임하고 있습니다.

서재민 sw-jms@hanmail.net

서울 지역 중학교 교사.

서부원 ernesto55@hanmail.net

'교학상장教學相長'을 좌우명 삼아 아이들과 더불어 살아가는 광주 살레시오고등학교 한국사 교사.

박내현 naebari@hanmail.net

노동, 인권 영역에서 활동하면서, 잘 듣는 것이 결국 그 존재와 가장 깊게 만나는 일이라 생각하며 기록과 인터뷰를 하고 있습니다. 학력이나 능력, 나이나 경험처럼 가진 것으로 줄 세워지는 것이 견디기 힘들고 대체 그 능력이 뭔지 이해가 가지 않아서, 질문하고 듣고 공부하고 있습니다.

김형성 gudtjd1004@naver.com

부산남일고등학교 국어 교사. 다양성 교육에 진심입니다. 가끔 서성거리고 머뭇거리지만, 신념과 실천을 일치시키기 위해 노력 중입니다. 느린 속도로 지치지 않고 걸어가려고 합니다.

교육공동체 벗

교육공동체 벗은 협동조합을 모델로 하는 작은 지식공동체입니다.
협동조합은 공통의 목적을 가진 사람들이 모여서 만든
권력과 자본으로부터 독립된 경제조직입니다.
교육공동체 벗의 모든 사업은 조합원들이 내는 출자금과 조합비로 운영됩니다.
수익을 목적으로 하지 않기에 이윤을 좇기보다
조합원들의 삶과 성장에 필요한 일들과
교육운동에 보탬이 될 수 있는 사업들을 먼저 생각합니다.
정론직필의 교육전문지, 시류에 휩쓸리지 않는 정직한 책들,
함께 배우고 나누며 성장하는 배움 공간 등
우리 교육 현실에 필요한 것들을 우리 힘으로 만들고 함께 나누고 있습니다.

조합원 참여 안내

출자금(1구좌 일반 : 2만 원, 터잡기 : 50만 원)을 낸 후 조합비(월 1만 5천 원 이
상)를 약정해 주시면 됩니다. 조합원으로 참여하시면 교육공동체 벗에서 내는 격
월간 교육전문지《오늘의 교육》과 조합통신을 받아 보실 수 있습니다. 출자금은
종잣돈으로 가입할 때 한 번만 내시면 됩니다. 조합을 탈퇴하거나 조합 해산 시 정
관에 따라 반환합니다. 터잡기 조합원은 벗의 터전을 함께 다지는 데 의미와 보람
을 두며 권리와 의무에서 일반 조합원과 차이는 없습니다. 아래 홈페이지나 카페
에서 조합 가입 신청서를 내려받아 작성하신 후 메일이나 팩스로 보내 주세요.

홈페이지 communebut.com
카페 cafe.daum.net/communebut
이메일 communebut@hanmail.net
전화 02-332-0712
팩스 0505-115-0712

교육공동체 벗을 만드는 사람들

※하파타순

후쿠시마 미노리, 황지영, 황정일, 황정원, 황이경, 황윤호성, 황영수, 황봉희, 황규선, 황고운, 홍지영, 홍정인, 홍순성, 홍세화, 홍성근, 홍성구, 현복splus, 현미열, 허창수, 허윤영, 허성실, 허성근, 허보영, 허광영, 함점순, 함영기, 한학범, 한재민, 한지혜, 한은옥, 한송희, 한성찬, 한석주, 한미혁, 한만중, 한날, 한길수, 한경희, 하주현, 하정호, 하정필, 하인호, 하승우, 하승수, 하순배, 탁동철, 최희성, 최현숙, 최현미, 최진규, 최정윤, 최은주, 최정은, 최은철, 최은희, 최은정, 최은숙, 최은경, 최윤미, 최원췌, 최우성, 최영식, 최연희, 최연정, 최승훈, 최승복, 최수욱, 최선영, 최선경, 최봉선, 최보람, 최병우, 최미영, 최류미, 최대현, 최광용, 최경미, 최경련, 채효정, 채종만, 채민정, 차종숙, 차용훈, 진현, 진주형, 진응용, 진영준, 진낭, 지정순, 지수연, 주순영, 조희정, 조형식, 조현민, 조항미, 조해수, 조진희, 조지연, 조준혁, 조정희, 조윤성, 조원희, 조원배, 조용진, 조영현, 조영숙, 조영실, 조영선, 조여은, 조여경, 조성희, 조성실, 조성배, 조성대, 조석현, 조석영, 조남규, 조경애, 조경아, 조경삼, 조경미, 제남모, 정희영, 정흥윤, 정혜령, 정현숙, 정혜레나, 정춘수, 정진영a, 정진영b, 정진규, 정종현, 정종민, 정재학, 정이든, 정은희, 정은주, 정은근, 정유진a, 정유진b, 정유숙, 정유섭, 정원탁, 정원석, 정용주, 정예슨, 정애순, 정보라, 정미숙a, 정미숙b, 정명옥, 정명영, 정득년, 정대수, 정남주, 정광호, 정광필, 정광일, 정란모, 정경원, 전혜원, 전정희, 전유미, 전세란, 전보애, 전병기, 전민기, 전미영, 전명훈, 전난희, 장주연, 장인하, 장은정, 장윤영, 장원영, 장우재, 장시준, 장상욱, 장병훈, 장병학, 장병순, 장근영, 장군, 장경훈, 임혜정, 임향신, 임한철, 임지영, 임중혁, 임종길, 임정은, 임진수, 임주진, 임상빈, 임선영, 임상진, 임동헌, 임덕연, 임경환, 이희옥, 이희연, 이효진, 이호진, 이혜정, 이혜린, 이현, 이혁규, 이향숙, 이한진, 이하영, 이태영, 이치형, 이충근, 이진zip, 이진혜, 이지혜, 이지영, 이지영, 이지연, 이중석, 이주희, 이주영, 이종은, 이정희a, 이정희b, 이재익, 이재은, 이재영, 이재숙, 이재두, 이임순, 이인사, 이은희a, 이은희b, 이은향, 이은진, 이은주, 이은영, 이은숙, 이윤엽, 이윤승, 이윤선, 이유미, 이윤경, 이유진a, 이유진b, 이월녀, 이원님, 이용환, 이용석, 이용기, 이영화, 이영범, 이영명, 이영아, 이연진, 이연주, 이연숙, 이연구, 이승태, 이승아, 이수현, 이수정a, 이수정b, 이수연, 이수미, 이성희, 이성호, 이성채, 이성숙, 이성수, 이설희, 이선표, 이선영a, 이선영b, 이선애a, 이선애b, 이선미, 이상훈, 이상화, 이상적, 이상원, 이상미, 이상대, 이병준, 이병곤, 이범희, 이민아, 이미옥, 이미나, 이미라, 이문영, 이명형, 이명행, 이동철, 이동준, 이동은, 이념숙, 이난영, 이나경, 이기규, 이근희, 이근철, 이근영, 이광연, 이계삼, 이경화, 이경숙, 이경욱, 이경연, 이경립, 이건희, 이건진, 윤희연, 윤홍은, 윤지형, 윤종원, 윤영, 윤영백, 윤수진, 윤상혁, 윤병일, 윤규식, 유효성, 유재송, 유규철, 유수연, 유병준, 위양자, 원지영, 원유희, 원유숙, 원성제, 우창숙, 우지영, 우완, 우수정, 우새롬, 오중근, 오정오, 오재홀, 오은정, 오은경, 오윤진, 오수진, 오세희, 오민식, 오명환, 오동석, 열정신, 여희영, 여태권, 엄창호, 엄재홀, 엄기호, 엄기숙, 양해준, 양지선, 양은주, 양은숙, 양영희, 양애정, 양선영, 양선아, 양서영, 양상진, 안효비, 안종원, 안지윤, 안운철, 안종희, 안오수, 안영심, 안영빈, 안순역, 심은보, 심우행, 심재환, 심윤환, 심나은, 심경일, 신혜선, 신충일, 신창호, 신창복, 신중휘, 신중식, 신은정, 신유준, 신소희, 신성연, 신미정, 신미옥, 송호영, 송혜란, 송한별, 송정은, 송인폐, 송용석, 송승훈, 송명숙, 송근희, 송경화, 손현아, 손진근, 손정란, 손은경, 손성연, 손미숙, 소수영, 성현식, 성용혜, 성열관, 설은주, 설원민, 선휘성, 선미라, 석옥자, 석경순, 서혜진, 서지연, 서정오, 서인선, 서은지, 서예원, 서명숙, 서강선, 상형규, 변현숙, 변나은, 백현희, 백승범, 배희철, 배주영, 배정현, 배이상헌, 배영준, 배아영, 배성연, 배경내, 방동일, 방경내, 반영진, 박희진, 박희영, 박효정, 박효수, 박환조, 박혜숙, 박현유, 박형진, 박현희, 박현숙, 박춘애, 박춘배, 박철호, 박진환, 박진수, 박지교, 박지혜, 박지홍, 박지원, 박정미, 박재선, 박은하, 박은아, 박은경, 박용빈, 박옥주, 박옥균, 박영실, 박연지, 박신자, 박수진, 박수경, 박소현, 박성규, 박복선, 박미희, 박미옥, 박명진, 박명숙, 박동혁, 박도정, 박대성, 박노혜, 박내혜, 박나실, 박기호, 박기형은, 박경화, 박경이, 박건영, 박건오, 민병성, 문용석, 문영주, 문수현, 문수영, 문수경, 문성철, 문명숙, 문경희, 모은정, 맹수용, 마승희, 류창모, 류정희, 류재행, 류우종, 류명숙, 류대현, 류경원, 도정철, 도방주, 데와 타카유키, 노영현, 노경미, 남효숙, 남정민, 남은정, 남유희, 남원호, 남예린, 남미자, 남궁역, 나규환, 김희정, 김희옥, 김홍구, 김효태, 김효미, 김혜선, 김혜영, 김혜림, 김현진, 김현주a, 김현영, 김현실, 김현택, 김현화, 김해경, 김필임, 김태훈, 김태원, 김찬영, 김진, 김진희, 김진주, 김진숙, 김진, 김지훈, 김지혜, 김지운, 김지연a, 김지연b, 김지안, 김지미, 김지광, 김중현, 김준연, 김주영, 김종현, 김종진, 김종욱, 김종성, 김종선, 김정식, 김정삼, 김재황, 김재현, 김재미, 김일곤, 김인순, 김이은, 김은해, 김은과, 김은숙, 김은숙, 김순혜, 김유주, 김윤숙, 김윤수, 김원혜, 김원석, 김우영, 김용훈, 김용양, 김용만, 김요한, 김영희, 김영진a, 김영진b, 김영주a, 김영주b, 김영아, 김영삼, 김영모, 김연정a, 김연정b, 김연일, 김연미, 김아현, 김순천, 김수현, 김수진a, 김수정, 김수연, 김수경, 김소희, 김소영, 김세호, 김성탁, 김성숙, 김성보, 김성희, 김선희, 김선호, 김선우, 김선미, 김석규, 김서화, 김서영, 김상희, 김상정, 김상윤, 김봉석, 김보현, 김보경, 김병희, 김병훈, 김병기, 김범주, 김민희, 김민선, 김민곤, 김민결, 김미향, 김미진, 김미옥, 김미선, 김문옥, 김무영, 김묘선, 김명섭, 김동현, 김동일, 김도석, 김다연, 김다영, 김남철, 김나해, 김기훈, 김기용, 김기언, 김규태, 김규빛, 김광민, 김고종호, 김경일, 김가연, 길지현, 기세라, 금현진, 금현숙, 금명순, 권혜영, 권혁천, 권태윤, 권자영, 권미지, 국찬석, 구자숙, 구원회, 구완회, 구수연, 구본회, 구미숙, 광흐, 곽혜영, 곽현주, 곽진경, 곽노현, 곽노근, 공현, 공영아, 고춘식, 고진선, 고은정, 고요정, 고영주, 고영실, 고병현, 고병건, 고민정, 강화정, 강편주, 강현정, 강한아, 강태식, 강준희, 강인성, 강이진, 강은영, 강윤진, 강영일, 강영구, 강순원, 강수돌, 강성규, 강석도, 강서형, 강미정, 강경모